改訂5版

イラスト解説だから、
はじめてでもスグできる

個人事業の教科書1年生

JN194642

新星出版社

はじめに

　便宜上、ひとくくりにされることが多い"個人事業"ですが、実際の個人事業は、職種や規模などによって、さまざまな形があります。開業準備や手続きのしかたも、店舗営業、フリーランス、ネットビジネスといった事業のスタイルによって異なり、成功のカギは必ずしも一つではありません。

　でも、すべての個人事業に共通していえるのは、本人の"やる気"が結果を左右するということです。会社を辞めて独立したい。趣味を生かして仕事にしたい。自分のアイデアで勝負したい。副業でおこづかいをかせぎたい……。動機は人によっていろいろあるでしょうが、夢を現実のものにしようとする情熱と努力が、現実に立ちはだかるさまざまな問題を克服し、個人事業を成功へと導くのです。

　そのためには、知識を吸収して自分をみがくための努力を怠ってはなりません。また、ときには、家族や友人、いっしょに事業を行うスタッフの協力も必要になるでしょう。

　本書は、これから個人事業を始めようとしている人たちに向けたアドバイスの本です。ここでは、すべての個人事業者に共通する基本的な心がまえ、開業のための各種手続き、経理と確定申告の目的について、できるだけわかりやすく説明しています。

　個人事業開業に際し、本書があなたのお役に立ち、より充実した毎日を送るためのお手伝いができれば、これに勝る喜びはありません。

宇田川敏正

本書では、個人事業開業にともなう各種手続きについて、2024年9月時点の法律や規則などに基づいて解説しています。

ごあいさつ

 さっそくですが、個人事業を始めようとしている皆さんの目標を聞かせてください。

 私は、焼き菓子を中心としたカフェをオープンしたいと思っています。

 僕は、これまでの経験を生かしてカメラマンとして独立したい。

 趣味と実益をかねて、輸入雑貨や自作のアクセサリーなどを販売するネットショップを自宅で開業しようと考えています。

 なるほど。皆さん、それぞれにステキな夢があるようですね。どれも、個人事業で開業するには最適な仕事だと思います。

 でも、お店を借りるのって、すごくお金がかかるんですよね。開業の資金、足りるかしら？　アルバイトのスタッフなんかも集めなくちゃいけないし、何から手をつけてよいのかわかりません……。

 自宅を拠点にしてフリーランスで仕事をする場合、事務所を借りるのとくらべて、どんなメリットがあるんだろう？自宅の家賃や電気代なんかも必要経費として認められるのかな？

 ネットビジネスは初期費用がかからないと聞いているけど、開業届けなどの手続きは必要になるんですか？

 皆さん、それぞれに知りたいことがあるようですね。では、これから皆さんといっしょに、個人事業を開業するための心構えと、開業のための各種手続き、そして経理と確定申告について、わかりやすく説明していきましょう。

 よろしくお願いします！

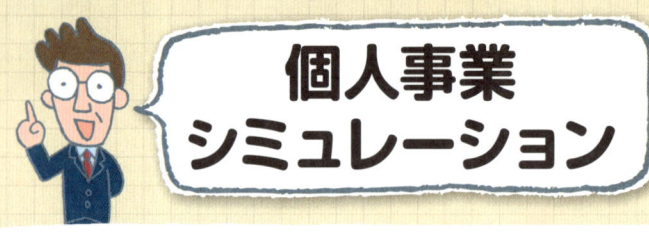

個人事業シミュレーション

店 飲食店、小売店、教室などのお店

フ カメラマン、デザイナー、講師、IT関係者などのフリーランス

ネ ネット販売、ネット広告収入などのネットビジネス

step 1 事業計画と資金計画

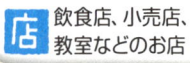

① 「やりたい!」ことか？（ライフプランを見つめ直す）

② "もうけ" が出るか？（客観的に数字を見つめる）

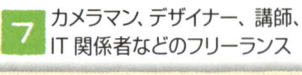 → **038**ページ〜

- ☐ 事業計画書の作成 → **040**ページ 店 フ ネ
- ☐ 利益計画書の作成 → **044**ページ 店 フ ネ
- ☐ 資金計画書の作成 → **056**ページ 店 フ ネ
- ☐ 資金調達 → **058**ページ 店 フ ネ

事業計画書 / セールスポイント / 開業の動機 / 売上の目安 / 売上や仕入

利益計画書 / 必要経費

資金計画書 / 借り入れの返済 / 自己資金 / 税金

資金調達はあとで困らないようしっかり計画して

step3 へ Go!

step 2 開業準備

ポイント
①**商品力**（企画力+質）
②**営業・マーケティング** → **030**ページ

スタッフ雇って

必要なツールも用意しないと…

ラーメン

step 3 開業の手続き

 モレはないか？ → 062ページ

☐ 許認可の申請 → **068**ページ 店 フ ネ

☐ 必須の手続き → **070、092**ページ 店 フ ネ

☐ 該当すれば必須の手続き
　→ **082、094、100**ページ 店 フ ネ

☐ 該当すればお得になる手続き
　→ **072、080、084、086**ページ 店 フ ネ

申請のモレは
ない？

手続きは
済んだ？

開業！

step 4

これからが本番！
引き締めて頑張ろう！

開業したらメインの業務とは別に
こんな仕事もしなければなりません

経理のキホン

確定申告のキホン

Contents

PART 3 開業にあたっての各種届出

スタッフ

＊デザイン・装丁＝田中律子 ＊イラスト＝Bikke ＊DTP＝田中由美 ＊編集協力＝村瀬航太／有限会社 クラップス

個人事業を始めよう

独立開業について考える

決断の動機は人それぞれです。お金をたくさんかせぎたいという人もいれば、時間をやりくりして趣味の時間をつくりたいという人もいます。自分がどんな人生を送りたいかによって、仕事のやり方は大きく変わってきます。

やりたい仕事がやりたいようにできる

　自分がやりたい仕事をやりたいようにやる。独立開業の魅力を一言で表すとしたら、それに尽きるのではないかと思います。

　会社という組織に所属していれば、仕事の成果や実績は会社全体のものになりますが、独立開業の立場に身を置けば、仕事の成果や実績はすべて自分自身に向けられます。仕事の種類や規模にかかわらず、自分のアイデアがモノやサービスになって、お客さんやクライアントに喜んでもらえるというのは、うれしいものです。

　また、仕事の評価が自分の収入に直接反映されることも、やりがいにつながります。会社員は、毎月決められた給与を会社から受け取りますが、大きな成果を上げたとしても、一部がボーナスとして返ってくるだけです。一方、独立開業した場合は、会社員のように毎月安定した収入は得られませんが、自分の努力しだいでその見返りは無限大に増えていきます。これも独立開業の魅力です。

ここが肝心！

どのように生きたいか。まずは自分のライフプランを見つめ直す

ライフプランに合わせて仕事の時間を調整できる

限られた時間を思い通りに使えるというのも独立開業の魅力の一つです。もちろん仕事がいちばん重要だという人もいるでしょうが、仕事一辺倒ではなく、趣味や家族サービスのために多くの時間を使いたい人もいるはずです。

事業を軌道に乗せるには、ある程度の継続的な"かせぎ"が必要なのはいうまでもありませんが、自分のライフプランに合わせて仕事の時間を調整するのは、会社勤めではなかなかできることではありません。

また、"人に使われる"というストレスや、ノルマを求められる受け身的なプレッシャーも少なくなるので、どんなに仕事が忙しくなっても、やりがいをもって、目的を失わずに仕事に邁進することができます。

独立開業と会社員の違い

個人事業による独立開業		会社員
好きなことが仕事になる	やりがい	役割の中で力を発揮
事業に関することすべて	責任	限定的
努力しだいで無限大	収入	比較的安定
自分の裁量で決められる	就業時間	会社の規則に従う
最初はほぼゼロ	社会的信用	会社の信用が自分の信用にプラスされる
原則なし	定年	会社の規則に従う
自分で行う	経理・納税	会社の経理部が行う

まずは個人事業から始めてみる

独立開業には、二つの道があります。一つは法人（会社）としての起業、もう一つは本書のテーマでもある個人事業としての開業です。法人とくらべて、個人事業は手続きがカンタンで開業しやすいというメリットがあります。

誰でもすぐに始められる個人事業

　職種にかかわらず、事業を始めるのに、もっとも手っ取り早いのが個人事業による起業です。

　法人（会社）の場合は、「定款」（法人の基本的な規則を記した設立のための書面）を作成し、登記申請を行うなどの手続きが必要となり、手間も費用もかかります。

　一方、個人事業の場合は、カンタンな届出を提出するだけですぐに始めることができます（開業にあたっての各種届出はPART3参照）。事業の規模を拡大していきたいという人も、最初は個人事業からスタートし、少しずつ実績を積んで、事業を軌道に乗せてから法人にする展開を考えるのが理想的です。

■■ 個人事業と法人のメリット＆デメリット

	個人事業	法　人
設立の手続き	原則として税務署への〈開業届出〉のみなので**カンタン**	定款の作成と認証、登記申請が必要なので、**手間と費用がかかる**
社会的信用	比較的**低い**	比較的**高い**（銀行などからお金を借りやすい。仕事をとりやすい）
経理業務	比較的**カンタン**な記帳で済む	個人事業よりも**複雑**
社会保険	原則として**国民健康保険**と**国民年金**に加入	強制的に**健康保険**と**厚生年金保険**に加入
従業員の採用	人を**集めにくい**	（社会的信用が高いので）人を**集めやすい**

やっぱり私は
個人事業だわ！

ここが
肝心！

個人事業の立ち上げは、設立登記が不要。手間も費用もかからない

店舗をかまえて商品やサービスを提供する

小売店や飲食店を始めたいという人は、お店を借りて設備を整え、従業員も確保しなければなりません。質の高い商品やサービスを提供し、お客さんの信頼を得られれば、事業を拡大させることができます。

▪️ たとえば、こんなお店……

店の種類	具体例
飲食店	カフェ、レストラン、バー、居酒屋、パン屋、ケーキ屋、弁当・惣菜屋など
小売店	雑貨屋、ブティック、フラワーショップ、リサイクルショップ、中古品販売店など
美容・健康	美容室、理容室、ネイルサロン、エステサロン、マッサージ店、整体治療院、鍼灸医院など
教室	音楽教室、美術教室、英会話スクール、着付け教室、料理教室など
その他	ペンション、ペットサロン、修理店、フランチャイズの加盟店など

お店を始めるために必要な費用

事業の種類や規模によって異なりますが、**お店をかまえて商売を始める場合は、ある程度のまとまったお金が必要**になります。

開業に必要な費用には、お店を借りるための保証金や前払いの家賃、内装や外装、エアコン、厨房設備を整えるための購入費や工事費などがあります。それ以外にもテーブルや棚などの什器や備品をそろえたり、メニューや看板などを制作する費用がかかります。

ここが肝心！

事業成功のカギは、店舗の立地条件と、人材の確保

お店をどこにかまえるか？

お店の場合、どんな場所で事業を始めるかということも重要です。業種によっては交通の便がよい場所でなければお客さんが集まらないケースもあり、お店の広さや周囲の環境、駐車場の有無などが優先されることもあります。一般的には、条件がよければそれだけ家賃も高くなるので、売上とのバランスを考え、<u>事業のコンセプト</u>に合った物件を選びましょう。

お店を決める際は、物件そのものを確認するだけではなく、<u>実際に足を運んで地域の人の流れなどを調査する</u>ことも大切です。近所のお店をのぞいて、お客さんの層や混雑する曜日や時間帯などを知っておけば、経営の戦略を立てるヒントが得られます。

納得がいくまで現地調査をしましょう。

なるほどなっとく！ 商品の質とサービスの質の向上を図る

お店の場合、質の高い商品を適切な価格で提供するのが前提ですが、接客を筆頭にした高い質のサービスの提供も成功のカギになります。自身の接客スキルだけでなく、雇い入れたスタッフの教育もオーナーの腕の見せどころです。

店舗や事務所を借りる

お店や事務所を借りて個人事業を始めるときは、条件に合った物件を見つけて、不動産契約を結ばなければなりません。ここでは契約に必要な費用と、物件選びのポイントについてカンタンに説明します。

お店や事務所を借りるときにかかる費用

　お店や事務所を借りるときには、賃借料（家賃）、保証金、権利金、不動産屋に支払う仲介手数料などの費用が必要になります。

　それぞれの金額や条件は、物件によって異なるので、契約の前に確認し、必要な資金を用意しておきましょう。

■ 物件を借りるときに必要なおもな費用

費用の種類	条　件
賃借料（家賃）	毎月の賃借料は、前月などに前払いするのが原則。マンションやビルの一室を借りる場合は、賃借料とは別に共益費（管理費）がかかることもある。
保証金	住宅の敷金と同じようなもので、契約のときに賃借料の数か月分を貸主に支払う。退去時の原状回復のための費用に当てられるので、差額があれば戻ってくるケースもある。
権利金	店舗営業をするための権利料として貸主に支払う。事務所を借りる場合は、住宅と同じように礼金（戻ってこないお金）として支払う場合もある。
仲介手数料	物件を仲介してくれた不動産屋に支払う。相場は賃借料の1か月分程度。

物件選びのポイント

　お店や事務所を選ぶときは、費用の面だけではなく、事業の内容に合ったさまざまな条件を確認しておかなければなりません。

　お店に合った立地は、事業の種類や、提供する商品やサービスによって大きく変わってきます。どのようなお客さんに対して、どのようにアピールしていきたいのか。物件を選ぶよりも先に、事業コンセプトを明確にし、事業が成功するまでのシナリオを描いておくことが重要になります（事業計画については040ページでくわしく説明します）。

　また、場所によっては営業に関して禁止事項が設けられ、深夜営業などが制限されていることもあるので、地方自治体に問い合わせるなどして事前に確認しておきましょう。

■ 物件を選ぶ際のおもな確認事項

- □ 周辺の環境
- □ お店の広さ
- □ 駅やバス停からの距離
- □ 駐車スペース
- □ 水回り
- □ 電話や電気の配線
- □ 換気設備
- □ 冷暖房設備
- □ トイレの衛生状態
- □ 防犯セキュリティ
- □ 避難経路

厨房の設備工事や配線工事、内装・外装の工事をする場合は、退去時の原状回復義務について不動産屋に確認しておきましょう。

なるほどなっとく！

居抜きで借りれば費用がおさえられる

閉店したお店の設備や什器などをそのまま利用し、出店のための初期費用をおさえて開業することを「居抜き」といいます。居抜きの物件を借りる場合は、前の借主がどのような商売をしていたのかを必ず確認し、撤退の理由なども知っておきましょう。

自宅や事務所を拠点にして
フリーで活躍する

フリーランスとは、社員としての雇用関係を結ばずに、独立した立場で専門的な技術やサービスを提供する個人事業者のこと。自宅や事務所を拠点に仕事ができるフリーランスの職業も、個人事業に向いています。

■ たとえば、こんな仕事の人たち……

業界	具体例
マスコミ	カメラマン、ライター、イラストレーター、エディトリアルデザイナー、アニメーター、映像クリエイターなど
ファッション	ファッションデザイナー、メイクアップアーティスト、スタイリスト、フラワーデザイナーなど
IT関係	WEBデザイナー、CGデザイナー、WEBクリエイター、ゲームクリエイター、プログラマー、エンジニアなど
講師	塾講師、ピアノ講師、スポーツインストラクター、着付け師、OA機器インストラクターなど
職人	大工、電気工事士、家電修理工、庭師など
金融・保険	金融ディーラー、生命保険外交員など
作家	小説家、漫画家、脚本家、放送作家、翻訳家など
芸能	俳優、声優、ナレーター、作曲家・作詞家、ミュージシャンなど
士業	社会保険労務士、税理士、行政書士など
その他	セラピスト、キャリアカウンセラー、通訳、運転代行者、経営コンサルタント、バイク便ライダーなど

マスコミ、IT、講師などに多いフリーランス

　マスコミ、ファッション、IT関係、講師などの業界では、**自宅や事務所を拠点にしてフリーランスの立場で仕事をする人**が多くいます。カメラマン、ライター、イラストレーター、デザイナー、プログラマー、セミナー講師、士業といった人たちです。

　フリーランスの仕事は、特定の取引先と雇用関係を結ばず、仕事先を選んで案件ごとに仕事を引き受けるのが基本です。そのため、毎月の収入は安定しませんが、**個人の能力と営業努力しだいでは、仕事量や実績に見合った報酬や評価を得ることができます。**

　フリーランスの立場で仕事をするための条件は、特定のスキルやノウハウを身につけていることです。特定の技能は、専門学校や通信教育の講座などで習得できるものの他、資格取得が義務づけられているものや、アシスタントや見習いとして実務経験を積んだのちに独立してアピールできるものがあります。

フリーランスで生計を立てていくためには、**クライアントの信用**を得ることが欠かせません。それにはまず**自分自身の技術をみがいて、仕事の質を高めていく**ことが大切です。質の高いサービスや技術を提供することによって、クライアントはまたあなたに仕事を頼みたいと思うようになります。

また、フリーランスを長く続けていくためには、目の前の仕事をこなすだけではなく、**営業活動を積極的に行って、新しいクライアントを獲得する**ことも必要です。フリーランスの仕事には、忙しい時期と、そうでない時期があります。複数のクライアントとつながりをもてば、依頼される仕事の量が増え、年間を通して収入を安定させることができます。

ここが肝心！

スキルをみがいて仕事の質を高めていく

自宅兼事務所とするか、事務所をかまえるか

フリーランスの活動拠点は、自宅兼事務所、または仕事場として借りた事務所であるのが一般的です。

自宅兼事務所のおもなメリットは、**家賃や公共料金の一部を事業用の必要経費にできる**ので、事務所を借りるよりも費用をおさえられるということ。そして、通勤の負担がないため一日の時間を自由に使えるということです。ただし、自宅でくつろいでいるときも仕事の応対をしなければならず、**拘束される時間は事務所で働くよりも長くなる場合**もあるので、メリハリをつけた生活ができるかどうかがカギとなります。

一方、**事務所**を借りるメリットは、在宅で仕事をするよりも**プライベートと仕事の切り替えがしやすい**ということです。クライアントの会社に近い場所に事務所をかまえれば、打ち合わせや会議のための移動もラクになり、クライアントとの結びつきも深くなります。

なるほどなっとく！

事務所をシェアして家賃などの負担を軽くする

事務所の家賃や維持費を軽くするには、仲間と共有して事務所を借りるという方法もあります。家賃を折半すれば、仕事上で有利となる、一等地の物件も借りることができるかもしれません。

資格が武器になることもある

個人事業には、資格を生かして事業を立ち上げるケースもあります。資格には、特定のスキルを身につけていることを証明するためのものと、開業にあたって絶対に取得しなければならないものがあります。

資格を取得してスキルがあることをアピールする

お客さんやクライアントの信頼を獲得するには、商品やサービスの質を高めることが第一ですが、資格を取得して技術の習得をアピールすることは、開業したばかりの個人事業者にとって大きな武器になります。

資格がなければ開業できないというわけはありませんが、さまざまな民間団体や公的団体が検定試験などを実施して、資格取得者にスキルがあることを証明している仕事があります。

たとえば、CGクリエイターやCGエンジニア（画像情報教育振興協会が実施）といったコンピューター関係の仕事、インテリアコーディネーター（インテリア産業協会が実施）のように専門のスキルが必要な仕事、TOEIC（国際ビジネスコミュニケーション協会が実施）のような語学の資格を生かせる仕事です。

また、税理士や社会保険労務士のように本人が取得していないと開業が認められないもの、あるいは、宅建業（宅地建物取引士）、旅行業（旅行業務取扱管理者）、クリーニング店（クリーニング師）のように特定の資格を持った人を最低一人営業所に置かなければいけない資格もあるので、開業の前に自分にとって必要な資格を調べておきましょう。

資格がなければ、その肩書を名乗れない仕事もある

　資格がなければその肩書を名乗れない職種もあります。たとえば、調理師、栄養士、製菓衛生師などです。

　これらの資格は、開業のために必要な資格ではありませんが、資格をもっていれば専門知識を一通りマスターしていることを証明できるので、お客さんやクライアントに信頼感を与えられます。

　なお、飲食店を開業するには、お店ごとに食品衛生責任者を置かければならず、これは各都道府県の食品衛生協会が実施している講習を受けることで取得できます。調理師、栄養士、製菓衛生師の資格を取得していれば、講習を受けなくても食品衛生責任者になることができます。

なるほどなっとく！　許認可が必要な業種

開業にあたって、行政の「許認可」を受けなければならない業種があります。飲食店を営業する場合の「飲食店営業許可」、中古品を売買したり、金券ショップを開業する場合の「古物商許可」などです。開業のために必要な許認可ついては、068ページでくわしく説明します。

インターネットを利用して開業する

ネットビジネスの利点は、開業資金が少なくて済むことです。商品を販売する場合、販売するネットワーク網と保管スペースがあれば、内装費や什器代がかからないので、効率的に利益を上げることができます。

開業資金が少なくて済む

対面販売を基本としている店舗ビジネスに対して、インターネット上の仮想店舗で商品やサービスの販売を行うのが、ネット通販などで商品を販売する**ネットビジネス**です。

その魅力は、店舗を借りるための費用や内装工事代などがかからないので、開業資金が少なくて済むこと。仕入代とホームページ開設費、それに広告宣伝費さえあれば、誰でもすぐに始められます。**ホームページの作成や広告宣伝を外部の人に頼まずに自分で行えば、開業のための費用は仕入代以外ほとんどかかりません。**

HP

○月○日オープン
www.~.jp

宣伝広告

拠点は自宅

ここが肝心！

アクセス数を高めていけば、売上は拡大する

アクセス数の多さが成否のカギを握っている

ネット通販は、集客つまりアクセス数が成否のカギを握っています。

アクセス数を増やしていくには、さまざまな工夫をこらして、認知を広げていくことが不可欠です。しかし、自分一人の力でアクセス数を増やすのはカンタンではなく、楽天市場やAmazonといったネット通販サイトを利用するケースが多くなっています。その場合、月額利用料や売上ロイヤリティを支払うことになりますが、知名度の高いネット通販サイトを利用すれば、集客力が上がり、売上拡大を期待できます。最近ではSNSを活用して情報を発信して集客するケースも増えています。

また、インターネット上のビジネスは、悪い評判もまたたく間に広まっていくので、対面販売以上に顧客への対応には気を使わなければなりません。納期の遅れや欠品などがないように、しっかりと管理しましょう。

自分のSNSなどで広告収入を得る

ネット通販の他にもさまざまなネットビジネスがあります。たとえば、自分のSNSやYouTubeなどに企業の広告を掲載されて広告収入を得たり、ある企業の商品を代わりに売って成功報酬を得るアフィリエイトなどです。商品やサービスをうまく紹介して購入者を増やしていけば、収入を増やしていくことができます。

アフィリエイトなどで収入を得るためには、記事の内容を面白くすることが大切です。記事の更新もこまめに行って読者の関心を引きつけましょう。

アクセス数増加中！

SNSやYouTubeを使って事業をアピールする

開業にあたっては、SNSやYouTubeを使った事業のPRも見過ごすことはできません。これらは他の宣伝方法にくらべてコストがかからず、商品やサービスの魅力を効果的に伝えることができます。

内容や目的に合わせてSNSを使い分ける

　個人事業者にとってSNSは、集客力を高めたり、自分の能力をアピールする効果的な宣伝ツールになり得ます。SNSを利用しての宣伝は、かつてはホームページやブログが主流でしたが、現在はFacebook、X（旧Twitter）、Instagram、LINE、TikTokなどといったSNSの人気が非常に高くなっています。

　SNSの中でも、Facebookはビジネス寄りの情報、X（旧Twitter）はリアルタイム性が高い情報、InstagramやTikTokはヴィジュアル重視した投稿が好まれるなど、それぞれに特徴があり、ターゲットとなるユーザーの年齢層も少しずつ異なります。個人事業はすき間を狙う事業なので、ターゲットを絞り込むことが大切。どんな人に商品を購入してほしいかをじっくりと考え、その人たちに多く使われているSNSを選ぶといいでしょう。

個人事業者にとってSNS利用の最大の目的は、商品やサービスの魅力を伝えること。「いいね」を獲得することに夢中になりすぎて、SNS依存にならないように注意しましょう。

10～20代の若者が多いYouTubeとTikTok

　また、最近はSNSに加えてYouTubeが宣伝に使われるケースが多くなっていて、とくに飲食店などで積極的に利用されています。YouTubeを使うメリットは、一度動画を作成してしまえば、掲載料などのランニングコストがかからないことです。

　YouTubeよりも尺の短いTikTokも、お店の雰囲気やサービスを伝えるための映像投稿プラットフォームとして広く活用されています（YouTubeショートも人気です）。TikTokのユーザーは10～20代の若者が多いので、お店で働くスタッフを集めるための募集ツールとしても利用価値があります。

動画や写真でお店の
雰囲気やサービスの
特徴を伝えましょう。

なるほどなっとく！

「バズる」ことができれば大きな宣伝になる

SNSやYouTubeで注目を集めるには、流行に乗って共感性の高い投稿をすることが大切です。日ごろからSNSに慣れ親しみ、流行に敏感になっておきましょう。バズれば知名度が一気に高まり、大きな宣伝となります。

個人事業者は一人で何役も仕事をこなす

会社という組織では、それぞれに役割分担が決められているので、与えられた仕事だけに集中すればいいのですが、個人事業者は一人で何役もの仕事をこなさなければなりません。個人事業者がくだす、すべての決断が事業を成功に導いていきます。

質の高い商品やサービスを生み出し、売るということ

個人事業者にとって重要なのは、質の高い商品やサービスを生み出し、売るという仕事です。

質の高い商品やサービスとは、商品そのものの価値や、サービスの内容や技術のことです。店舗営業であれば、さらにここにお店の雰囲気や従業員の接客といった付加価値が加わって、お客さんが支払った代金に見合うクォリティかどうかを評価されます。

質の高い商品やサービスを生み出したら、次にそれを売らなければなりません。「売る」とは、商品やサービスのよさをきちんとお客さんに伝えるということです。店舗営業の小売店であれば、お店に来てもらったり、商品を陳列してお客さんの好みに合ったものをすすめて買ってもらう。ネットビジネスであれば、ホームページに来てもらったり、商品の魅力を画面上でわかりやすく伝えてお客さんの購買意欲を刺激する。フリーランスであれば、自分の実力や実績などをアピールして発注を受けることです。

受注した仕事、または商品やサービスの質が高ければ、常連やリピーター、得意先というような形になって、継続的な売上につながります。

商品やサービスのセールスポイントを全面にアピール

すべての仕事を一人でこなさなければならない

　質の高い商品やサービスを生み出し、売るためには、企画力や技術力、営業力を発揮すると同時に、マーケティングや広告宣伝も怠ってはなりません。大きな組織では、それぞれの仕事はいくつかのチームで分担されますが、個人事業者は、事業にかかわる**あらゆる仕事を意識し、一人でこなさなければなりません**。会社であれば、製造部、仕入部、サービス提供部、企画開発部、営業部、広報部、マーケティング部、経理部、人事部、総務部などの担当する業務がすべて自分の仕事になるのです。

　また、年度末には**決算書**（106ページ）を読み解いて収支を確認したり、事業の方向づけや年度計画といった経営者の視点からの重要な決定も行わなければならないので、個人事業者の責任は重大です。どんなに小さな判断であっても、**その結果にともなう責任は自分が負うことになる**ので、他人任せにしてよい仕事は何もないのです。

個人事業者がやるべき仕事はたくさんある

1 商品やサービスの提供 … 会社でいえば、製造部、仕入部、サービス提供部

- 質のよい商品や材料を仕入れる
- 質のよい商品をつくる
- 質のよいサービスを提供する
- 期日までに納品する　etc.

2 企画 … 会社でいえば、企画開発部

- 市場調査を行う
- 商品（サービス）のアイデアを練る
- メニューを考える
- クライアントにメリットのあるアイデアを出す
- クライアントの困っていることを解決するアイデアを出す　etc.

ここが肝心！　**個人事業者は、一人であらゆる仕事をこなさなければならない**

3 営業・マーケティング … 会社でいえば、営業部、広報部、マーケティング部

- 宣伝コピーを考える
- POPやチラシを作成する
- 営業用の資料を作成する
- 得意先を回る　etc.
- 新規顧客を開拓する
- マスコミなどに話題を提供してとりあげてもらう

4 経理&事務 … 会社でいえば、経理部、人事部、総務部

- 日々の取引を帳簿に記録する（会計ソフトに入力する）→112ページ
- レジをしめる、レジのお金を管理する
- 不動産契約や業務契約、雇用契約などを結ぶ
- 見積書を作成する
- 請求書を発行し、売上代金を受け取る→120ページ
- 売上代金を受け取ったら、領収書を発行する→122ページ
- 毎月の家賃や公共料金などを支払う
- 事業に必要な備品を購入する
- 従業員の給与を計算し、振り込む
- 在庫を数え、帳簿の数字と照合する→078ページ
- 1月1日から12月31日までの収支を計算する→128ページ
- 確定申告をして、所得（もうけ）を計算し、税金を納める→126ページ　etc.

お金の管理

なるほど
なっとく！

個人情報の取り扱いに注意しよう！

「個人情報保護法」は、個人事業者をふくむ、すべての事業者に適用されます。
個人情報は利用目的を特定して、その範囲内で利用するように心がけ、氏名や
生年月日、顔写真などが漏えいしないように、安全管理を徹底しましょう。

"給与"は事業の利益から生み出される

会社員は毎月決まった額を給与として受け取りますが、個人事業者が得る"給与"は事業の利益から生み出されます。利益は、売上と同じではありません。入ってくるお金の総額と、売上を得るために出ていくお金の差額が、利益となります。

売上がそのまま給与になるわけではない

会社員が毎月決まった額を給与として受け取るのに対して、個人事業者は事業の利益を"給与"として得ることができます。

ここで注意したいのは、利益は事業の売上と同じではないということ。商品やサービスを提供してお客様から受け取るのは売上ですが、そこから必要経費などを差し引いたものが、利益となるのです。

必要経費とは、カンタンにいえば、事業を行って売上を得るための費用のことです。具体的には、店舗や事務所の家賃、水道光熱費、電話料金、交通費、従業員に支払う給与、商品を売るための宣伝費などが必要経費となって、売上から引かれるのです。

さらにいえば、売上から必要経費を引いた利益の中から、税金や社会保険料などを納めなければならないので、個人事業者が自由に使えるお金として受け取ることができるのは、最終的には利益よりも少なくなるということを頭に入れておきましょう。

ここが肝心！

売上から必要経費を引いたものが、個人事業者の"給与"

例 事務所をかまえて仕事をするフリーカメラマン
1か月に500,000円の 売上 があった場合

事務所の家賃	……………………	80,000円
水道光熱費	…………………	20,000円
電話料金	……………………	20,000円
交通費	…………………………	10,000円
打ち合わせのための飲食代	…	20,000円
宅配便やバイク便の費用	……	10,000円
その他の必要経費	…………	20,000円
必要経費の総額	……………	180,000円

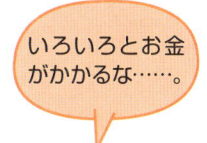

いろいろとお金がかかるな……。

売 上	−	必要経費	=	利 益
500,000円		180,000円		320,000円

売上から必要経費の総額が差し引かれて、個人事業者がその月に得られるお金（＝利益）は、320,000円となります

利益は、毎月決まった額になるとは限らない

　事業の利益は、毎月決まった額になるとは限りません。業種によっては季節や天候の影響も受け、仕入の状況、景気や流行、競争相手の動向、個人事業者の体調などによっても左右されます。

　個人事業者はそういった事情をかんがみて、事業を継続し、生活を維持するためのお金を確保しなければいけません。当然ながらそのためには、貯金をしておくなどの資金計画（052ページ）が必要になります。

個人事業者を守ってくれる「フリーランス新法」

フリーランス新法とは、発注側のクライアントよりも弱い立場に置かれがちな、受注側のフリーランスを守るためにできた法律です。企業から不当な扱いを受けずに安心して働けるように、仕事の発注と支払いに関するルールを知っておきましょう。

「報酬の額が最初の提示と違っている」「依頼された業務内容が曖昧だった」「報酬を減らされた」「（相場と比べて）著しく低い報酬の額を決められた」「支払いが3か月も4か月も後になっている」「最初の話と違う仕様になり、その修正に対応したのに増額がなかった」……そんなトラブルを未然に防ぐために、発注事業者にはいくつかの義務があります。このうち事業を始めたばかりのフリーランスにとくに関係が深いのは、契約と支払いに関する取り決めです。

　仕事が発生したら、発注事業者は請負契約書などで取引条件を明らかにします。ここで明示されるのは「委託する業務の内容」「報酬の額」「支払期日」などです。発注事業者（企業）は必ず、納品日から数えて６０日以内に支払期日を設定し、期日内に報酬を支払わなければなりません。

　また、フリーランスに責任がないにもかかわらず、「発注した商品やサービスを受け取らない」「返品する」「報酬額を後で減額する」などの行為は禁止されています。

　発注事業者がこれらのルールに違反すると、指導や立入検査、勧告などを受ける場合があり、50万円以下の罰金が求められる可能性もあります。

フリーランス・トラブル110番は、フリーランスと発注事業者との取引上のトラブルについて、弁護士にワンストップで相談できる窓口です。フリーランスは、無料で法律に関する相談をしてアドバイスを受け、必要に応じて所管省庁への法違反の申告についての案内を受けたりすることもできます。

フリーランス・トラブル110番
0120－532－110

事業を成功に導くために……

ライフプランを現実のものにする

個人事業の開業を思い立ったとき、最初にすべきことは事業計画と資金計画を練り上げることです。でも、その前に、もう一度、自分のライフプランについて確認しておきましょう。事業計画と資金計画は、このライフプランを実現するために必要なものだからです。

「あなたのライフプランをおしえてください」

ライフプランは十人十色です。自分がどんな人生を送りたいかということがライフプランのベースになります。

本書に登場するメインキャラクターに、それぞれのライフプラン（事業の目標）について聞いてみました。

PART2では、こんなライフプラン（夢）を現実のものとするために、事業を成功に導く事業計画や資金計画を考えていきます。

> 10年間勤めていた広告代理店の写真部を退社し、カメラマンとして独立。自宅を拠点にしてフリーランスになることを決めました。広告の仕事を続けながら、年数回、世界各地を旅して、自分の作品をライフワークとして撮り続けていたいと思っています

服部真司さん（35歳）

ここが肝心！

事業に対する夢や情熱が、個人事業の成功を後押しする

老舗洋菓子店でパティシエの経験を積んだのち、カフェを併設した焼き菓子の専門店を自宅近くでオープン。私をふくめてスタッフ2名の小さな店ですが、3年後を目標に、2号店をオープンさせたいと思っています

尾藤ひとみさん（35歳）

輸入したアジア雑貨を中心に、自作のアクセサリーも販売するネットショップを自宅で開業。自作のアクセサリーは手づくりなので、大量注文は受けられませんが、ゆくゆくはお客さんのリクエストにこたえて、オーダーメードの注文も受けていきたいです

入江理沙さん（25歳）

なるほど
なっとく！

家族の理解や協力も不可欠

個人事業を成功させるには、家族の理解や協力が必要です。とくに配偶者は、精神的な支えとなり、事業の手助けをしてくれるパートナーになってくれることもあるので、事業の内容や計画をしっかり話し合っておきましょう。

事業計画書は
個人事業のプロフィール

個人事業の第一歩は、事業計画を練り上げることから始まります。それは事業が成功するまでのシナリオを書くことでもあり、頭の中に描いていたアイデアを整理して現実的なものにする機会になります。

事業計画書に盛り込む内容

事業計画書とは、事業の内容や目標を書き出したプロフィールのようなものです。作成のおもな目的は、頭の中を整理して事業の方向性を確認することです。同時に、取引先やクライアントに事業の内容を説明したり、銀行から融資を受ける際の説得材料にもなります。

事業計画書には、決まった書式があるわけではありませんが、一般的には次のような内容を盛り込むことが大切になります。

- 事業名と業種
- 開業予定日
- 開業の目的や動機
- 個人事業者の経歴
- 取り扱う商品やサービスの内容と特徴（セールスポイント）
- 対象とするマーケットや販売先（営業やマーケティングの方法）
- 開業のために必要な資金と、その調達方法
- 開業後の事業の見通し（売上、仕入、必要経費、事業の利益）

事業計画書は、個人事業の履歴書のようなものなんですね。

ここが肝心！

個人事業の第一歩は、事業計画を練り上げることから始まる

6W2Hで頭の中を整理する

　事業計画書を作成するにあたって必要なのは、開業動機の見直しです。なぜ自分がこの事業を始めようとしているのか、改めて自分に問い直してみましょう。

　このときに役立つのが、6W2Hです。8つの項目を掘り下げていくことでアイデアが整理され、事業の方向性が明確になります。

Who?【誰が?】
事業の主体について
自分一人? 自分と家族? スタッフを雇う?

Whom?【誰に?】
お客さんやクライアントについて

Where?【どこで?】
店舗をかまえる場所、活動の拠点、狙っている市場について

What?【何を?】
提供する商品やサービスの内容やその特徴について

事業計画を練るための6W2H

Why?【なぜ?】
事業の成功を確信する理由、または開業の動機について

When?【いつ?】
開業時期、営業時間について

How to?【どのように?】
営業、マーケティングのやり方について

How much?【どのくらい?】
開業資金、売上目標、利益目標について

なるほど
なっとく!

第三者の意見にも耳を傾けよう

自分のアイデアを整理し、他人に伝えることが目的の事業計画書ですが、事業に対する熱い思いが、具体性や客観性を失わせしまうことがあります。事業計画書をつくったら、家族や友人などに見せて率直な意見を聞いてみましょう。

事業計画書

(1／2)

作成日（　　　　年　　　　月　　　　日）

住　所（〒　　　　－　　　　　）

氏　名	電話番号（　　　　　　　　　　　　　　　）
	生年月日（　　　　年　　　月　　　日）
業　種（　　　　　　　　　　）	屋　号（　　　　　　　　　　　　）

■開業予定日　（　　　　　年　　　　月　　　　日）

■開業の目的や動機

> 事業を続けていくにはこの部分が大切！

■個人事業者の経歴

〔経歴〕

〔取得している資格〕

> 自分の強みを掘り下げる。

■取り扱う商品やサービスの内容と特徴

> 商品やサービスのセールスポイントを明確にする。

■対象とするマーケットや販売先

> 商品やサービスをお客さんに知ってもらい、買ってもらうための方法を考える。

■開業資金とその調達方法

開業資金	開業準備資金	万円
		万円
		万円
		万円
	運 転 資 金	万円
		万円
合　　　計		万円
調達方法	自 己 資 金	万円
	借 入 金	万円
		万円
合　　　計		万円

■開業後の事業の見通し

		1 　 年 　 目	2 　 年 　 目
売　　　上		万円	万円
仕　　　入		万円	万円
必要経費		万円	万円
		万円	万円
		万円	万円
		万円	万円
必 要 経 費 合 計		万円	万円
事 業 の 利 益		万円	万円

〔上記計算の根拠〕

数字の根拠を明らかにすることで事業計画書の説得力が増します。

利益計画書で
事業の採算性を確認する

事業計画を練り上げたら、事業の採算性を確認するために、利益を生み出す数字について考えてみましょう。客数や客単価を想定し、売上や必要経費の目標値を具体的に記入したものを「利益計画書」といいます。

客数や客単価を予測して、売上目標を立てる

利益計画書では、具体的な数字を上げて、売上目標や利益目標を明らかにします。

まずは売上について見ていきましょう。カフェやレストランなどの店舗営業の場合、売上は「客数×客単価」で計算します。客数とは、お店に訪れるお客さんの数で、一日の平均客数に年間の営業日数をかけることで大ざっぱな数字を出すことができます。この数字に、客単価（お客さん一人あたりの売上金額）をかけて、年間の売上総額を求めるのです。

売 上 ＝ 客 数 × 客単価

売上を期待する気持ちはわかりますが、売上額は控えめに見積もりましょう。

売上から仕入を差し引いて、粗利益を求める

　売上の数字が決まったら、**仕入**にかかる金額を見積もります。カフェやレストランなどの飲食業の場合、仕入はおもに商品をつくるための原材料費となります。

　そして、売上から仕入を差し引いて利益を求めます。ここで求められる金額は、**粗利益**（粗利）といい、事業の採算性を確認する上でもっとも重要な数字となります。

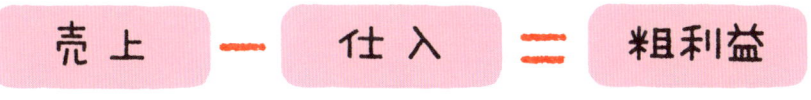

売上	－	仕入	＝	粗利益
2,250万円		800万円		1,450万円

　次に、事業を行うために必要な費用である**必要経費**について考えます。

　飲食業の必要経費には、アルバイトやパートに支払う給与、店舗の賃借料（地代家賃）、電話やインターネットの月額利用料（通信費）、電気ガス水道の公共料金（水道光熱費）などの「固定支出」（052ページ）があり、その他、仕入のためにかかる交通費（旅費交通費）、広告や宣伝にかかる費用（広告宣伝費）、おしぼりやゴミ袋といった消耗品の購入費（消耗品費）などの「変動支出」（052ページ）もここにふくまれます。

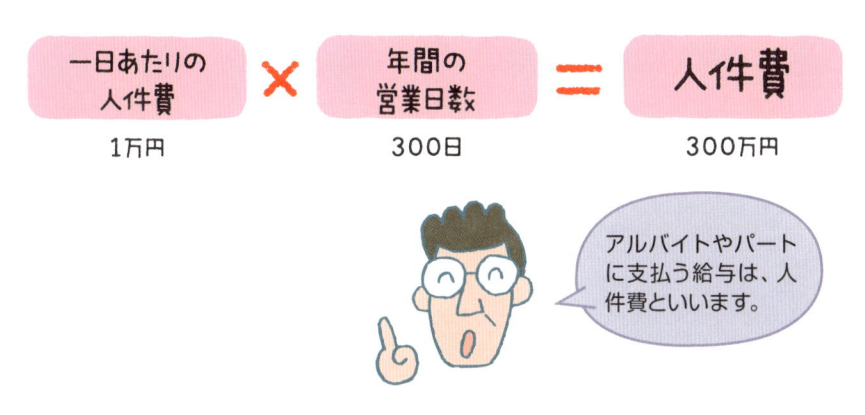

一日あたりの人件費	×	年間の営業日数	＝	人件費
1万円		300日		300万円

> アルバイトやパートに支払う給与は、人件費といいます。

※「地代家賃」や「通信費」などの勘定科目については112ページで説明します。

粗利益から必要経費を引けば、事業の利益がわかる

粗利益から必要経費の総額を差し引いて、**事業の利益**を出します。

ここで計算された事業の利益に対して税金が課せられます。

また、開業の際にお金を借りている場合は、さらにここから返済しなければならないので、**個人事業者の生活費や、翌年の事業のために使えるお金は、営業利益から税金や借入金の返済額を差し引いた金額**となります。

粗利益 ― 必要経費合計 ＝ 事業の利益

1,450万円　　　　　　　630万円　　　　　　　820万円

開業資金は何年かに分けて回収していく

店舗などで独立開業する場合、内装費やエアコン代、看板代、机やテーブル代などが何百万円もかかるケースがあります。これらは開業後、何年にもわたって事業で使用するものなので、一度に全額を必要経費として計上せずに、何年かに分けて必要経費（減価償却費）として扱います（減価償却費については**076**ページ参照）。

しかし、実際は開業時に何百万円というお金が出ていくことになるので、PART2では「減価償却費」という言葉を使わず、開業資金としてお金を借りることを前提とし、その「借入金」の返済という、現金の移動に焦点を当てて利益計算書などを解説しています。

借入金の返済も忘れずに織り込みましょう。

ここが肝心！

利益計画書で数字を明らかにし、事業の採算性を確認する

利益計画書

■販売

項目	金額	備考
売上	2,250万円	総客数×単価
仕入	800万円	
粗利益	1,450万円	売上－仕入

■必要経費

項目	金額	備考
給与	300万円	固定支出
地代家賃	120万円	固定支出
通信費	20万円	固定支出
水道光熱費	40万円	固定支出
旅費交通費	30万円	変動支出
広告宣伝費	100万円	変動支出
その他	20万円	変動支出
必要経費合計	630万円	
事業の利益	820万円	粗利益－必要経費合計
税金	200万円	
借入金の返済	50万円	
個人事業者の個人の収入	470万円	事業の利益－税金－借入金の返済
翌年の事業に使えるお金	100万円	

価格をどのように設定するか？

商品やサービスに値段をつけることを「値つけ」といいます。値つけのポイントは、お客さんもお店も満足できる適正価格を見つけること。価格が高すぎるとお客さんから見向きもされず、価格が安すぎるとお店は利益を得ることができません。

お客さんに満足してもらい、お店の利益にもなる価格

　小売店や飲食店の場合、商品やサービスの価格は、原則として個人事業者が自由に決めることができます。しかし、価格が相場よりも高すぎると客足は遠のき、価格が安すぎるとお店は赤字になり利益を得ることができません。

　商品やサービスの価格を決めるには、売りたい価格と、売れる価格を見きわめながら、ちょうどよいバランスをとることが大切です。お客さんに満足してもらい、なおかつお店の利益にもなる価格を適正価格といいます。

お客さんの満足	商品やサービスの価格	お店の利益	
○	適正価格	○	
✕	高すぎる	✕	（客数が足りなくなる）
◎	安すぎる	✕	（利益が得られない）

売上目標から適正価格を求める

　商品やサービスの価格は、**売上原価**に**必要経費**を足し、さらにそこに**利益**を上乗せした**売上**から決めるのが基本となります。

　売上原価とは、小売店では**仕入価格**のことであり、原材料を加工して提供する飲食店などでは**原材料費**のことをいいます。

売上原価 ＋ **必要経費** ＋ **利益** ＝ **売上**

35万円　　　　　30万円　　　　35万円　　　100万円

　目標となる売上が決まったら、そこから客数と客単価を割り出すことができます。

　044ページで説明したように、売上は「客数×客単価」で決まります。

　たとえば、月の売上が100万円で、100人の客数を見込んだ場合、客単価（お客さん一人あたりの売上金額）は1万円という計算になるわけです。

　この1万円という客単価は、商品やサービスの価格を決める際の手がかりになります。

売上 ＝ **客数** × **客単価**

100万円　　　　100人　　　　　1万円

　もし、1万円という客単価から適正価格を求められない場合は、座席の数を増やしたり、お客さんの回転率（一席あたり一日に何人のお客さんが座ったかを示したもの）を上げるなどして、客数を増やしていくことも考えられます。

　客数が200人になれば、客単価が半分になっても、計算上は同じ売上を得ることができます（もちろん、客数が増えれば売上原価も増えるので、利益は減ります。同じ利益を上げるためには、もっと大きな売上が必要になります）。

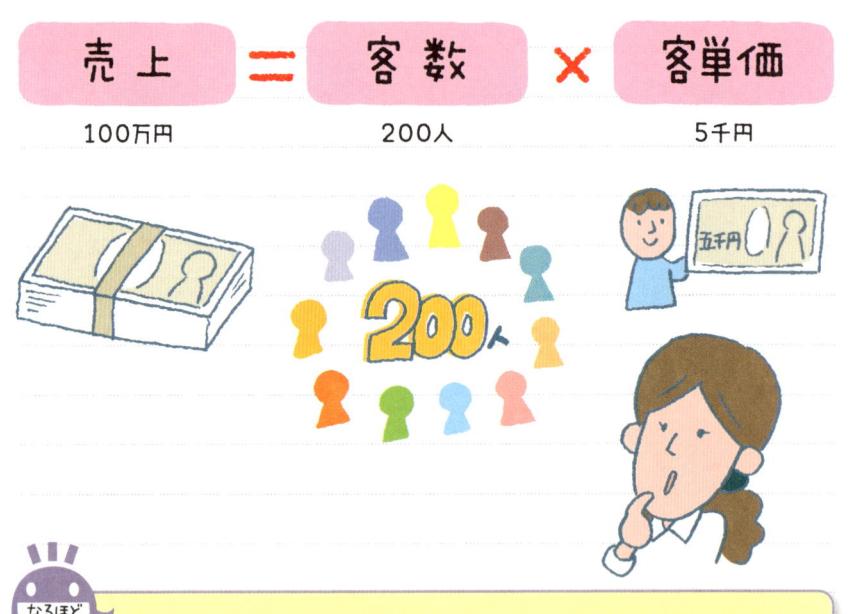

売上 ＝ 客数 × 客単価
100万円　　　　200人　　　　5千円

なるほどなっとく！

価格競争に巻き込まれないように……

　一つひとつの利益は少ないが、たくさん売ることで、全体の利益を多くする商売の方法を「薄利多売」といいます。この戦略が有効なのは、大量生産や大量仕入が可能な大手企業のケースです。開業して間もない個人事業が薄利多売を実践しようとすると、忙しいばかりで利益を確保するのが難しくなります。

適正価格は付加価値によって変わる

　適正価格は、相場や売上の数字だけで決まるわけではありません。

　商品やサービスに付加価値をつけることで、価格が他のお店より高くてもお客さんに満足してもらうこともできます。

　付加価値とは、他のお店にはない特徴であり、ライバル店との差別化です。小売店や飲食店の場合、たとえばそれはお店の高級な雰囲気であったり、ていねいな接客だったり、居心地のよさであったりします。他の店ではなく、この店を利用したいとお客さんに思わせることが、付加価値なのです。

　この付加価値をどのように生み出し、商品やサービスの価格に上乗せしていくか？　その解答は一つではありません。時代のニーズをかぎとりながら、どのようなコンセプトのお店なら、売上や利益を得られる客単価にできるかを考えるしかないのです。もちろん、その客単価で満足できる客数が得られるかも、同時に考えなければなりません。

開業のために必要な費用を見積もる

事業計画の基本方針が決まったら、資金計画を考えます。開業資金には、設備や備品を整えるための初期費用である「開業準備資金」と、事業を継続していくために必要な「運転資金」があります。

開業準備資金は、事業開始のときの一時的な費用

開業準備資金とは、開業のために必要な設備や備品を整えるための初期費用です。開業準備資金がどれくらいかかるかは事業の種類や規模によって異なりますが、店舗営業の飲食店の場合は、次のような費用が必要になります。

例 飲食店に必要な、おもな開業準備資金の中身

- お店を借りるための保証金や仲介手数料
- 内装費や外装費、厨房設備を整えるための工事費や購入費
- テーブルやイス、食器、レジスターなどの購入費
- メニューや看板、広告物などの製作費用
- 新聞の折り込みや雑誌広告、ネット広告などへの掲載費用

ここが肝心！

開業準備にかかる初期費用と、当面の運転資金を用意しておく

運転資金は、事業を運営していくために毎月かかる費用

　運転資金とは、事業を運営していく上で毎月かかる費用です。その中でも、家賃のように毎月決まった額を支払わなければならない費用を固定支出といい、仕入代金や原材料費のように状況によって金額が変わるものを変動支出と呼びます。

　事業が順調に軌道に乗れば、運転資金は毎月の利益から調達することができますが、お金が回り出すまでに時間がかかる場合は、数か月分程度の運転資金を開業前に準備しておかなければなりません。とくにデザイナーやプログラマーなどは、仕事が長期にわたることが多いため、仕事をしてもすぐに報酬が得られるとは限りません。そのような業種の人は、収入が途絶えても困らないように、ある程度の運転資金と、自分の生活費（054ページ）を準備しておく必要があります。

 飲食店に必要な、おもな運転資金の中身

- 毎月の家賃（固定支出）
- 常駐スタッフの給与（固定支出）
- 仕入代金や原材料費（変動支出）
- 電気・ガス・水道の利用料（固定支出。一部は変動支出）
- 勉強のための書籍代やセミナー参加費（変動支出）

必ず出ていくお金ね。

なるほどなっとく！

開業準備資金は在宅でもそれなりにかかる

自宅を拠点にしたフリーランスの場合、開業のための初期費用は比較的少なくて済みますが、パソコンや周辺機器などをそろえるのにそれなりの開業準備資金がかかります。

自己資金と生活費を把握する

開業資金をおおざっぱに見積もったら、次に預貯金などの「自己資金」と自分の「生活費」について考えてみましょう。個人事業を開業するには元手がなければならず、個人が暮らしを営むためには最低限の蓄えが必要になります。

事業や生活のために使えるお金や財産を知っておく

　資金計画では、自分の預貯金や財産を知り、同時に自分が生活するために必要なお金も考慮に入れなければなりません。個人事業者は、文字通り、個人が主体となって行う事業です。個人の生活が立ち行かなくなれば、事業を継続することはできないからです。

　まずは今の自分にどれくらいの蓄えがあるかを確認しましょう。事業や生活のために使える自分の財産（預貯金、有価証券など）を自己資金といいます。

■■ 自己資金のチェック

種　　類	金　　額
退　職　金	（　　　　　　　　　万　円　）
預　貯　金	（　　　　　　　　　万　円　）
有価証券	（　　　　　　　　　万　円　）
そ　の　他	（　　　　　　　　　万　円　）
合　　計	（　　　　　　　　　万　円　）

生活費は、生活していくためにかかる費用です。開業したら何かと出費がかさむものなので倹約につとめましょう。

ここが
肝心！

自分の蓄えを正確に知り、当面の生活費を確保しておく

当面の間の生活費を確保しでおく

　開業資金を見積もったら、自分の<u>生活費</u>を確保する必要があります。開業のための準備期間中や事業が軌道に乗るまでの間は、収入が一時的になくなったり、極端に少なくなることもあるので、当面の間の生活費を見積もっておきましょう。事業の種類や規模にもよりますが、<u>**生活費も運転資金**（056ページ）**同様に、数か月分程度準備しておく**</u>ことをおすすめします。

■■ 生活費のチェック

種　類	金　額
家　　　　賃	（　　　　　万円）×　　か月
ローンの返済	（　　　　　万円）×　　か月
各種保険料	（　　　　　万円）×　　か月
水道光熱費	（　　　　　万円）×　　か月
通　　信　　費	（　　　　　万円）×　　か月
食　　　　費	（　　　　　万円）×　　か月
教　　育　　費	（　　　　　万円）×　　か月
服　　飾　　費	（　　　　　万円）×　　か月
娯　　楽　　費	（　　　　　万円）×　　か月
その他費用	（　　　　　万円）×　　か月
合　　　　計	（　　　　　万円）×　　か月

なるほど
なっとく！

自己資金が足りなかったらどうする？

運転資金と生活費は、最低でも3か月分くらい用意しておきたいもの。自己資金が足りなければ、融資を検討して開業資金や当面の生活費の不足分を補わなければなりません（058ページ）。

資金計画書を作成する

開業資金を見積もり、自己資金や生活費を確認したら、それらをもとにして「資金計画書」をつくりましょう。この資金計画書によって、事業の収支はより現実的な数字に近づきますが、必要に応じて事業計画や資金計画を見直し、修正しなければなりません。

明らかになるのは、入ってくるお金と出ていくお金

資金計画書で明らかになるのは、開業1年目の収入と支出、**つまりいくらお金が入ってきて、いくらお金が出ていくか**ということです。これらの数字を出すことで、**個人事業者が自由にできるお金**が決まります。

個人事業者は、この自由にできるお金から、生活費を得て、翌年の事業に使うお金を捻出します。ここでもし、目標とする生活費が得られない場合は、事業計画や資金計画を見直し、仕入や必要経費をおさえる努力などをしなければなりません。

ではさっそく、右ページを参考にして**資金計画書**を作成してみましょう。各項目の金額は、事業計画書や利益計画書、**052**ページで予測した開業資金（開業準備資金と運転資金）、**054**ページで確認した自己資金と生活費がもとになります。

なお、開業前に用意する運転資金（仕入と必要経費）と生活費は、ここでは3か月分を計上しています（用意すべき運転資金は、事業の種類や規模によって変わってきます）。

ここが肝心！

資金計画書を作成することで、リアルな数字が見えてくる

自己資金−（開業資金＋生活費）
開業資金や生活費の不足分は、
銀行などから借り入れる（058ページ）。

売上−（仕入＋必要経費）

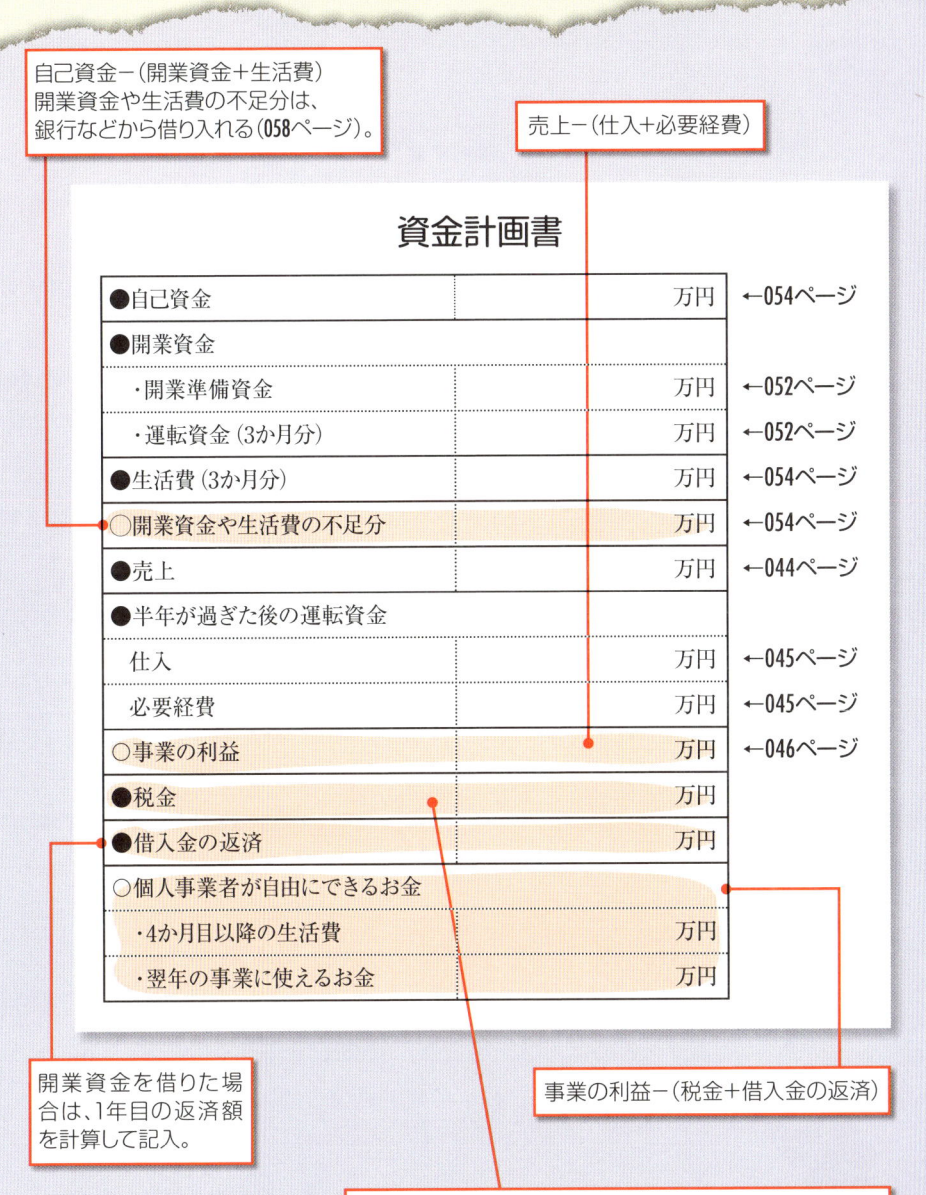

資金計画書

●自己資金	万円	←054ページ
●開業資金		
・開業準備資金	万円	←052ページ
・運転資金（3か月分）	万円	←052ページ
●生活費（3か月分）	万円	←054ページ
○開業資金や生活費の不足分	万円	←054ページ
●売上	万円	←044ページ
●半年が過ぎた後の運転資金		
仕入	万円	←045ページ
必要経費	万円	←045ページ
○事業の利益	万円	←046ページ
●税金	万円	
●借入金の返済	万円	
○個人事業者が自由にできるお金		
・4か月目以降の生活費	万円	
・翌年の事業に使えるお金	万円	

開業資金を借りた場合は、1年目の返済額を計算して記入。

事業の利益−（税金＋借入金の返済）

事業の利益に対して課せられる税金は、所得税、住民税、個人事業税など（066ページ参照）。所得税の税率は、5%〜45%の範囲で所得に応じて段階的に高くなる。

事業の利益から、税金と借入金の返済を差し引いたものが、個人事業者が自由にできるお金となります。4か月目以降の生活費と、翌年の事業に使えるお金は、ここから捻出します。

開業資金の不足分を調達する

開業のための費用は自己資金でまかなうのが理想的です。しかし、飲食店などのようにある程度の初期費用がかかる場合は、金融機関などに融資を相談して、不足分を調達しなければなりません。

金融機関の融資を受ける

　開業資金の調達先として、最初に検討すべきは、金融機関の融資です。

　個人事業者にお金を貸してくれる金融機関の第一候補は政府系の日本政策金融公庫でしょう。民間の金融機関は、担保がない限り融資のハードルは高くなっています。金融機関の融資を受けるには、決められた書式での事業計画書などの提出があり、担保や保証人が求められる場合もあります。融資の条件や提出書類は、事業内容やこれまでのキャリアなどによって異なるので、事前に確認しましょう。

　この他にも、各自治体が金融機関、信用保証協会と連携して融資を行う制度融資といわれるものもあるので、各自治体に相談してみるといいでしょう。

> 担保がなければ、まずは、比較的金利が安くて融資期間も長い、政府系の日本政策金融公庫に相談しましょう。

助成金や補助金を活用する

なるほどなっとく！

資金計画では、助成金や補助金を利用するという手もあります。これらは、国や地方自治体が、雇用促進などを目的に設けた制度なので、返済は不要。支給対象や金額は制度ごとに異なるので、まずは各都道府県の中小企業支援センターに足を運んで、相談してみましょう。

親兄弟や親戚からはお金を借りない

開業資金の調達先として、親兄弟や親戚が考えられます。しかし、これはあまりおすすめできません。甘えが出てしまうからです。融資の相手が金融機関なら、期日どおりに必ず返済しなければなりません。一方、身内にお金を借りた場合は、返済を延び延びにしてしまうことがあります。そのようなことをすると、相手との関係はぎくしゃくします。

また、**返済する相手が外部の金融機関なら、"絶対に返す"という覚悟が芽生えます**。その結果、事業に真剣になり、事業が成功する可能性が大きくアップします。

もし、どうしても親兄弟や親戚にお金を借りるならば、事業計画書や利益計画書はもちろん、具体的な返済プランも示さなければなりません。日付や金額を書いた証文を渡すことも必須です。事業を成功させるには、真剣さが不可欠なのです。

事業を成功させるためには、資金調達先として、親兄弟や親戚は外しましょう。

日本政策金融公庫のホームページはここ！

日本政策金融公庫 ┃ 検索

屋号で事業のイメージを伝える

個人事業者でいうところの屋号とは、お店や事業所の名前です。実際の商売では、お客さんやクライアントに、屋号でおぼえ親しんでもらうこともあるので、事業の種類やイメージに合ったものを慎重に考えましょう。

個人事業の場合、屋号はつけてもつけなくてもいいことになっています。つけ方についてもルールはなく、好きな名前を自由につけてかまいません。

しかし、屋号はお店や事業所の顔になることもあるので、できれば一目で事業の種類やイメージがつかめるような、おぼえやすい名前を考えたほうがいいでしょう。個性的であるのは、悪いことではありませんが、読み方が難しい漢字や、発音がしづらい欧文なども使用を控えたほうが無難です。

また、屋号と同じ名前が、会社名や製品、ブランドとして存在していたり、社会的に認知されている場合は、系列会社やグループ店のように混同されてしまう可能性があり、訴えられるケースがあります。似たような名前はできるだけ避けたほうがいいでしょう。

個人事業を始めるときに必ず提出しなければならない「個人事業の開業・廃業等届出書」（070ページ）には、個人事業者の氏名とは別に、屋号を記入する欄があります。

開業にあたっての各種届出

個人事業を始めるための届出や手続き

個人事業を始めるにあたっては、いくつかの書類を関係機関に提出しなければなりません。それぞれの提出期限に注意して、自分に必要な書類を準備しましょう。PART3では、おもな手続きと届出書を紹介します。

税金や保険に関する届出や手続き

個人事業を開始したら、まず税金に関するいくつかの届出書を提出しなければなりません。また、人を雇ったときは源泉所得税、従業員のための医療保険や公的保険、法定業種（092ページ）に該当する事業を行っている人は個人事業税などの届出も必要になります。

■ 個人事業に関連したおもな届出や手続き

	税金や保険の種類	手続き名	参照ページ
必須	所得税	＜個人事業の開業届出・廃業届出等手続＞	070ページ
任意	所得税	＜所得税の青色申告承認申請手続＞	072ページ
任意	所得税	＜青色事業専従者給与に関する届出手続＞	080ページ
該当すれば必須	源泉所得税	＜給与支払事務所等の開設の届出＞	082ページ
任意	源泉所得税	＜源泉所得税の納期の特例の承認に関する申請＞	084ページ
任意	消費税	＜適格請求書発行事業者の登録申請手続＞	086ページ
必須	個人事業税	都道府県税事務所への個人事業開始申告の手続き	092ページ
該当すれば必須	労働保険	労災保険と雇用保険の手続き	094ページ
該当すれば必須	社会保険	健康保険と厚生年金保険の手続き	100ページ

> ここが肝心！
>
> 届出や手続きの窓口は、税目や保険の種類によって異なる

所轄の関係機関の所在地などを確認する

届出や手続きの窓口は、税や保険の種類によって異なります。

国に納める税金（所得税や源泉所得税など）は**税務署**、個人事業税は**都道府県税事務所（税支所）**、労災保険は**労働基準監督署**、雇用保険は**ハローワーク**、健康保険と厚生年金保険は**年金事務所**になっているので、手続きをスムーズに行うために自分の所轄官庁を確認しておきましょう。

■■ 自分の所轄官庁を知っておこう

提出先	あなたの所轄官庁
納税地の所轄税務署	（　　　　　　　　　　税 務 署）
給与支払事務所等の所在地の所轄税務署	（　　　　　　　　　　税 務 署）
所轄の都道府県税事務所（税支所）	（　　　　　　　　　税 事 務 所）
所轄の労働基準監督署	（　　　　　　　労働基準監督署）
所轄のハローワーク	（　　　　　　　　ハローワーク）
所轄の年金事務所	（　　　　　　　　　年金事務所）

■■ 所轄の関係機関はここでさがそう！

▶ 各都道府県の所轄税務署

 検索

▶ 全国の労働基準監督署・ハローワーク

 検索

▶ 都道府県税事務所（税支所）

 検索

▶ 全国の年金事務所

 検索

会社を辞めて個人事業を始めるときの手続き

勤めていた会社を辞めて個人事業を始める前に、いくつかの手続きが必要になります。ここでは、健康保険や国民健康保険などの「医療保険」、国民年金や厚生年金保険などの「公的年金」についてカンタンに説明します。

個人事業者は国民健康保険と国民年金に加入する

会社を辞めて個人事業を始めることになると、個人事業者が加入する医療保険は、原則として国民健康保険に、公的年金は国民年金の第1号被保険者に切りかわります。

会社を辞める際の手続きは、原則として会社が行うことになるので、自分でする必要はありませんが、国民健康保険や国民年金に加入するための手続きは、退職後に自分でします。

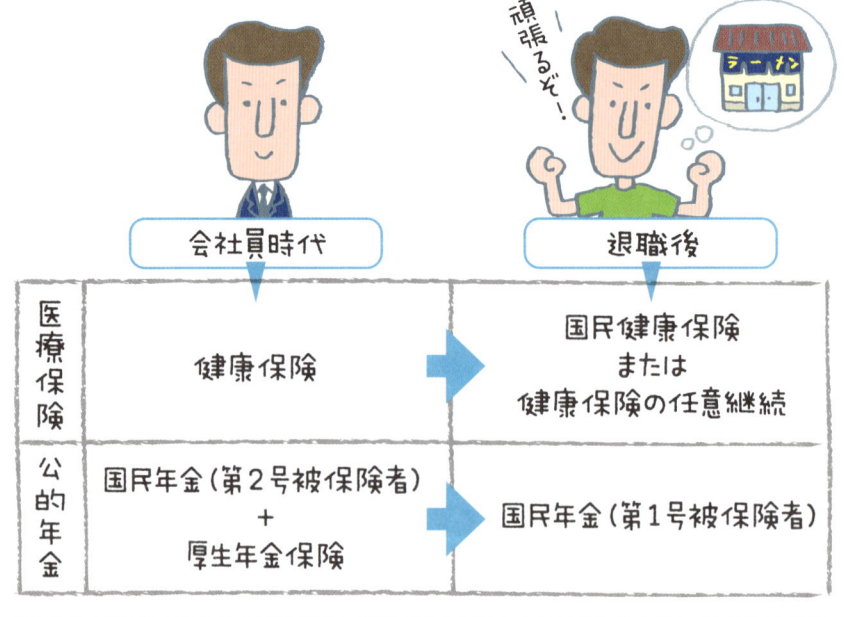

	会社員時代	退職後
医療保険	健康保険	国民健康保険 または 健康保険の任意継続
公的年金	国民年金（第2号被保険者） ＋ 厚生年金保険	国民年金（第1号被保険者）

20歳以上60歳未満のすべての国民は、国民年金に加入しなければなりません。そのうち、自営業者などは第1号被保険者、会社員らは第2号被保険者、会社員世帯などの専業主婦は第3号被保険者となります。

国民健康保険の加入手続き

国民健康保険に加入する場合は、原則として、**退職後14日以内**に、住所地の市区町村役場で手続きを行います。手続きの前に、退職する会社から健康保険の**「被保険者資格喪失等証明書」**を受け取っておきましょう。

なお、退職後に加入する医療保険は、勤めていた会社の健康保険に引き続き加入する方法もあります。ただし、健康保険の任意継続は最長で2年間しか加入できないので、その後は国民健康保険に切りかえる必要があります。

退職後
14日以内
ですよ〜

国民年金の加入手続き

会社を辞めて個人事業者になると、国民年金は第2号被保険者から第1号被保険者となり、厚生年金保険（公務員の場合は共済年金）から脱退することになります。

年金手帳を持参して、退職後14日以内に、住所地の市区町村役場で手続きを行いましょう。

配偶者を扶養にしていた人は、配偶者の年金手帳も忘れずに持参しましょう。

なるほど
なっとく！

個人事業者の配偶者は、国民年金を納めなければならない

会社員や公務員の主婦（または主夫）は、保険料を配偶者が加入する年金制度が負担するため、本人による保険料負担はありません。しかし、配偶者が退職したり、自分自身の年収が130万円を超えると見込まれる場合、市区町村に届出をし、保険料を支払うことになります。

ここが
肝心！

個人事業者は国民健康保険と国民年金に加入する

国民健康保険と国民年金の加入手続きの詳細については、住所地の市区町村の各担当課や最寄りの年金事務所にお問い合わせください。

個人事業者が納める税金

個人事業者が納める税金は、おもに所得税と住民税です。会社に勤めているときは、税金の計算や納付は、会社が本人に代わって行ってくれますが、退職後は確定申告という手続きを行って、自分で税金を納めます。その他、法定業種を行う人は個人事業税も納めます。

個人事業を始めたら、翌年に確定申告をする

個人事業者は毎年、確定申告（126ページ）という手続きを行って、所得税を自分で申告・納付しなければなりません。

会社を辞めて個人事業を開始したら、翌年の2月16日から3月15日までの間に、住所地（またはお店や事務所）を管轄する税務署で確定申告を行います。確定申告には、退職時に受け取った給与所得の源泉徴収票が必要になるので、大切に保管しておきましょう。

住民税は前年の所得に対してかかってくる

住民税は、前年の所得に対して税額が決まります。

会社員の場合、翌年の6月から翌々年の5月にかけて12等分したものを毎月の給与から天引きし、会社が本人に代わって納めてくれますが、個人事業者は自分で直接、市区町村に住民税を納付しなければなりません。

会社を辞めた最初の年（年度の途中で会社を辞めた場合）は、住民税の残額分をまとめて会社に払うか、自分で直接、市区町村へ納付することになります。自分で納付する場合、退職後しばらくすると市区町村から納付書が届くので、受け取ったら期日までに納付しましょう。

会社員時代の前年の所得が多いと、翌年の住民税が高くなるわけです。

∷ 個人事業者が納めるおもな税金

税の種類	
所 得 税	個人の所得に対して課される税金。国に納めるので国税という。
住 民 税	都道府県民税と市区町村民税。 これらは地方税とも呼ばれ、市区町村が一括して徴収する。
個人事業税	法定業種の事業をしている人にかかってくる税金（092ページ）。 都道府県税事務所に納めるので、地方税に属する。
消 費 税	モノやサービスを消費したときにかかる税金（088・154ページ）。 税金を支払う人と納める人が異なるので、間接税という。
固定資産税 （償却資産）	機械、器具、備品など、土地や建物以外の事業資産に課せられる税金（155ページ）。

個人事業者が納める税金は、所得税と住民税のほか、個人事業税や消費税などもあります。

ここが肝心！

個人事業者は確定申告を行って、自分で税金を納付する

「所得」とは、課税される収入から必要経費を除いた税法上の利益のこと。事業から生じる所得を「事業所得」といいます。

許認可や申請が必要な業種

個人事業の中には、「許認可」を受けなければ始めることができない業種があります。飲食店、美容院、リサイクルショップなどです。自分が立ち上げようとしている事業がその対象になる場合は、該当する行政機関の窓口で所定の手続きをしましょう。

許認可を受けなければ始められない事業がある

　資格がなければ開業できない事業があることは024ページで述べましたが、**業種によっては事業を始める前に、行政の許認可を受ける**必要があります。**許認可**とは、ある一定の条件を満たした場合に、行政官庁が営業を認めるものです。

　たとえば、レストランやカフェのような通常の飲食店を開く場合、保健所に営業許可の申請をして、定められた施設基準に合ったお店づくりをし、「飲食店営業許可」を受けなければなりません。深夜０時以降、お酒を中心としたメニューで営業したい場合は、「深夜における酒類提供飲食店営業　営業開始届出書」を警察署に提出する必要もあります。

　また、飲食店を始めるには、食品営業施設ごとに「食品衛生責任者」も置かなければなりません。許認可を受けずに営業すると、事業者はペナルティを受けることになるので、事業を始める前に、保健所など最寄りの関係機関に出向いて、自分にとって必要な許認可を確認しておきましょう。

> 飲食店を始めるには「飲食店営業許可」、そして「食品衛生責任者」の資格が必須なんですね！

ここが
肝心！

許認可が必要な業種かどうかを確認する

■ 許認可が必要なおもな業種と届出先

業種	許可・届出	行政窓口
飲食店	飲食店営業許可	保健所
ホテル・旅館	旅館業営業許可	保健所
美容院	美容所開設届出	保健所
理髪店	理容所開設届出	保健所
クリーニング店	クリーニング所開設届出	保健所
酒販売業	酒類販売業免許	税務署
中古品販売	古物商許可	警察署
風俗営業	風俗営業許可	警察署
警備業	警備業認定	警察署
不動産仲介業	宅地建物取引業免許	各地方整備局等
建設業	建設業許可	各地方整備局等
旅行業者代理業	旅行業者代理業登録	都道府県庁等
トラック運送業	一般貨物自動車運送事業経営許可	運輸局
軽トラック運送業	貨物軽自動車運送事業経営届出	運輸局
自動車分解整備業	自動車分解整備事業認証	運輸局

リサイクルショップを始めるには、「古物商許可」が必要なのか〜。

取り扱う食材によっては、さらに許認可が必要

なるほどなっとく!

営業許可を取得したからといって、お客さんに何を提供してもいいわけではありません。たとえば、毒をもっているふぐを調理するにはふぐ調理師の資格が必要です。有毒部位を取り除いた後のふぐを購入して提供する場合でも、届出等が必要な自治体もあります。

事業の開始を届ける
すべての個人事業者に義務づけられている届出書

税金の種類	所得税	提出先	納税地の所轄税務署
対象者	個人事業を開業する すべての人	手続き名	個人事業の開業届出・ 廃業届出等手続

事業開始から1か月以内に必ず提出する

　個人事業の開業の届出は、すべての個人事業者に義務づけられた手続きです。新たに事業を開始したら、事業開始日から1か月以内に「個人事業の開業・廃業等届出書」を提出しましょう。

　提出先は、納税地を所轄する税務署です。事務所などの所在地が住所地と異なる場合は、納税地を住所地か事務所などの所在地のどちらかを選ぶことができます。

所得税法上、個人事業者になるための届出です。開業したら1か月以内に必ず提出しなければなりません。

Data

手続対象者	新たに事業を開始した人
届出書	「個人事業の開業・廃業等届出書」
提出先	納税地を所轄する税務署
提出期限	事業開始日から1か月以内
相談窓口	最寄りの税務署（所得税担当）

国税庁のホームページはここ！

国税庁　個人事業の開業届出

※申請書が見つかります。

個人事業の開業・廃業等届出書

事務所やお店の所在地が納税地と異なる場合は、事務所やお店の所在地を所轄する税務署長にも提出

事務所や店舗が住所地と別にある場合に記入

税務署受付印

東京上野 税務署長

XX 年 XX 月 XX 日提出

廃業等届出書

納税地	○住所地・○居所地・○事業所等（該当するものを選択してください。）
	（〒000 － 0000）
	東京都台東区台東○丁目○番地
	（TEL 00 － 0000 － 0000）
上記以外の住所地・事業所等	納税地以外に住所地・事業所等がある場合は記載します。
	（〒000 － 0000）
	東京都台東区浅草○丁目○番地
	（TEL 00 － 0000 － 0000）

| フリガナ | ビトウ ヒトミ | 生年月日 | ○大正 ○昭和 ○平成 ○令和 XX年XX月XX日生 |
| 氏 名 | 尾藤ひとみ | | |

12桁の個人番号を記入

| 個人番号 | X X X X X X X X X X X X |

屋号（060ページ）を記入

| 職 業 | 飲食店業 | フリガナ | ヒトイキカフェ |
| | | 屋 号 | ひといきカフェ |

個人事業の開廃業等について次のとおり届けます。

| 届出の区分 | ○開業（事業の引継ぎを受けた場合は、受けた先の住所・氏名を記載します。） 住所 氏名 事務所・事業所の（○新設・○増設・○移転・○廃止） ○廃業（事由） （事業の引継ぎ（譲渡）による場合は、引き継いだ（譲渡した）先の住所・氏名を記載 住所 氏名 |

青色申告の承認を受ける場合（072ページ）は、「有」を丸で囲み、申請書を提出

| 所得の種類 | ○不動産所得・○山林所得・○事業（農業）所得 廃業の場合……○全部・○一部（ ） |
| 開業・廃業等日 | 開業や廃業、事務所・事業所の新増設等のあった日 ▼XX 年 XX 月 XX 日 |

開業日を記入

| 事業所等を新増設、移転、廃止した場合 | 新増設、移転後の所在地 （電話） |
| | 移転・廃止前の所在地 |

| 廃業の事由が法人の設立に伴うものである場合 | 設立法人名 | 代表者名 |
| | 法人納税地 | 設立登記 ▼ 年 月 日 |

| 開業・廃業に伴う届出書の提出の有無 | 「青色申告承認申請書」又は「青色申告の取りやめ届出書」 | ○有 ○無 |
| | 消費税に関する「課税事業者選択届出書」又は「事業廃止届出書」 | ○有 ○無 |

| 事業の概要 できるだけ具体的に記載します。 | 喫茶スペースをもつお店をかまえて、手づくりの焼き菓子を販売 |

インボイス制度の適用を受ける場合は「有」を選び、「適格請求書発行事業者の登録申請書」を提出

給与等の支払の状況	区 分	従事員数	給与の定め方	税額の有無	その他参考事項
	専従者	人		○有・○無	
	使用人			○有・○無	
	計			○有・○無	

| 源泉所得税の納期の特例の承認に関する申請書の提出の有無 | ○有 ○無 | 給与支払を開始する年月日 | ▼XX 年 XX 月 XX 日 |

関与税理士 （TEL － － ）	税務署整理欄	整理番号	関係部門連絡	A	B	C	番号確認	身元確認
		0					□ 済 □ 未済
		源泉用紙交付	通信日付印の年月日	確 認	確認書類 個人番号カード／通知カード・運転免許証 その他（ ）
			年 月 日		

上記書類を税務署に提出したら、都道府県税事務所や市区町村役場にも「事業開始等申告書」を提出します（092ページ）。地域によっては市区町村役場への提出が不要な場合もあります。

税法上有利な青色申告を希望する

確定申告で「青色申告」を選択する場合の手続き

税金の種類	所得税	**提出先**	納税地の所轄税務署
対象者	青色申告を希望する人	**手続き名**	所得税の青色申告承認申請手続

税法上の特典がある青色申告を選択しよう

　青色申告を希望する場合の手続きです。青色申告（074ページ）とは、帳簿書類を整理して記帳することで、税法上有利な特典が受けられる所得税の申告方法です。帳簿への記入はやや複雑ですが、お金の動きを正確に記録することで、経理上の問題点や業績を把握しやすいというメリットもあります。

　青色申告の承認を受ける場合は、必ず開業の日から2か月以内（1月1日～1月15日に開業した場合は3月15日まで）に、納税地を所轄する税務署に「所得税の青色申告承認申請書」を提出しなければなりません。

提出期限に遅れると、開業年度に青色申告が適用されなくなるので注意してください。

Data

手続対象者	青色申告の承認を受けようとする人
届出書	「所得税の青色申告承認申請書」
提出先	納税地を所轄する税務署
提出期限	事業開始日から2か月以内
相談窓口	最寄りの税務署（所得税担当）

国税庁のホームページはここ！

国税庁　所得税の青色申告承認申請手続　 検索

※申請書が見つかります。

所得税の青色申告承認申請書

職業の内容を具体的に記入

事務所や店舗が住所地と別にある場合に記入

青色申告を開始する年を記入

事業所の名称、所在地を記入

所得税の青色申告承認申請書

東京上野 税務署長

××年××月××日 提出

納 税 地	☑住所地・○居所地・○事業所等（該当するものを選択） （〒 000 － 0000 ） 東京都台東区台東○丁目○番地 （TEL 00 － 0000 － 0000 ）
上記以外の住所地・事業所等	納税地以外に住所地・事業所等がある場合は記載します。 （〒 000 － 0000 ） 東京都台東区浅草○丁目○番地 （TEL 00 － 0000 － 0000 ）
フリガナ 氏 名	ビトウ ヒトミ 尾藤ひとみ	生年月日	○大正 ☑昭和 ○平成 ○令和 ××年××月××日生
職 業	飲食店業	フリガナ 屋 号	ヒトイキカフェ ひといきカフェ

令和○年分以後の所得税の申告は、青色申告書によりたいので申請します。

1 事業所又は所得の基因となる資産の名称及びその所在地（事業所又は資産の異なるごとに記載します。）

　名称　ひといきカフェ　所在地　東京都台東区浅草○丁目○番地

　名称　　　　　　　　　　所在地

2 所得の種類（該当する事項を選択してください。）

　☑事業所得　・○不動産所得　・○山林所得

3 いままでに青色申告承認の取消しを受けたこと又は取りやめをしたことの有無

　(1) ○有（○取消し・○取りやめ）　　年　　月　　日　　(2) ☑無

4 本年1月16日以後新たに業務を開始した場合、その開始した年月日　　年　　月　　日

5 相続による事業承継の有無

　(1) ○有　相続開始年月日　　年　　月　　日　被相続人の氏名　　　　　　　　　(2) ☑無

6 その他参考事項

　(1) 簿記方式（青色申告のための簿記の方法のうち、該当するものを選択してください。）

　　☑複式簿記・○簡易簿記・○その他（　　　　　　　　　　　）

　(2) 備付帳簿名（青色申告のため備付ける帳簿名を選択してください。）

　　☑現金出納帳・☑売掛帳・☑買掛帳・☑経費帳・☑固定資産台帳・☑預金出納帳・○手形記入帳
　　○債権債務記入帳・○総勘定元帳・○仕訳帳・○入金伝票・○出金伝票・○振替伝票・○現金式簡易帳簿・○その他

　(3) その他

関与税理士 （TEL 　－　　－　　）

税務署整理欄	整理番号		関係部門連絡	A	B	C
	0					
	通信日付印の年月日		確認			
	年　　月　　日					

55万円（電子申告の場合は65万円）の青色申告特別控除（074ページ）を受ける場合は、「複式簿記」にチェックマークをつける

青色申告のために準備する帳簿にチェックマークをつける（帳簿については114ページ参照）

青色申告の基礎知識

帳簿書類を整理して記帳することで、税法上有利な特典が受けられる青色申告。白色申告にくらべると、帳簿への記入は複雑ですが、事業活動に関するお金の動きを正確に記録することで、経理上のミスや業績を把握しやすくなります。

所得や税額を正確に計算して、納税の申告をする制度

　青色申告とは、複式簿記（110ページ）などの一定のルールに基づいてお金の動きを記録し、正しい所得や税額を計算して納税の申告をする制度のことです。かつて青色の申告用紙を使用していたことからこの名前がついています。

　青色申告以外の申告（白色申告といいます）にくらべると、帳簿への記入は少し複雑ですが、税法上のいくつかの特典を受けることができます。

　また、取引の内容やお金の動きを正確に記録することは、経理上のミスや業績を把握しやすいというメリットもあるので、これから個人事業を始める人は、開業の際に〈所得税の青色申告承認申請手続〉（072ページ）を行い、青色申告を選択することをおすすめします。

これなら予算も
立てやすいわ！

青色申告特別控除の「控除」って何？

　青色申告で受けられる大きな特典は、**青色申告特別控除**です。一定の要件を満たして帳簿に記帳すれば55万円、さらに電子申告をすれば最高で65万円の控除が受けられます（簡易な方法で記帳した場合は10万円の控除）。

　納める税額は事業の"もうけ"をベースに計算されます。「控除」とはその"もうけ"の金額から差し引けるもので、控除額が多ければ多いほど、納める税金は少なくなります。

　また、〈青色事業専従者給与に関する届出手続〉（080ページ）を行えば、家族に支払った給与の全額を必要経費にできるので、さらに節税を図れます。

事業所得　＝　総収入（売上など）　ー　必要経費　ー　青色申告特別控除

青色申告のおもなメリット

・**青色申告特別控除**
　最高65万円の青色申告特別控除が受けられます。

・**青色事業専従者給与額を必要経費に算入**
　家族に支払った給与をすべて必要経費にできます（080ページ）。

・**純損失の繰越控除／繰戻還付**
　事業所得に純損失が生じて赤字になった場合、翌年以降3年間にわたって控除を受けたり、1年前の分に限り、すでに納めた所得税を返してもらうことができます。

・**貸倒引当金の計上**
　回収できなくなりそうな売掛金（まだ受け取っていない売上金）や貸付金（貸したお金）の一部を必要経費に計上できます（132ページ）。

・**減価償却の特例**　※減価償却については076ページ参照
　30万円未満で機械などを購入した場合、年間300万円までは取得した年にすべてを必要経費に計上することができます。

・**低価法による棚卸資産の評価**　※棚卸資産については078ページ参照
　在庫として残った商品などを、事業者にとって有利な低い金額で評価できます。

減価償却ってなんだ？

減価償却のしくみはその目的を理解すれば、カンタンにわかるはずです。年度末に計上する減価償却資産は、毎年の損益に少なからず影響を与えるものなので、知識として頭の片隅の置いておきましょう。

10万円以上のものは毎年少しずつ必要経費にしていく

　減価償却とは、わかりやすくいうと、買ったときにすべてを必要経費としないで、毎年少しずつ必要経費として分割する手続きのことです。

　たとえば配達用のクルマを180万円で買って商売を始めた場合、180万円を一度に費用に入れると、収益よりも必要経費が増えて、最初の1年が赤字になってしまうことがあります。配達用のクルマは、1年限りの消耗品ではなく、長年にわたって使うものです。したがって、1年以上継続的に使用する財産（固定資産といいます）は、使う年数に応じて少しずつ必要経費として計上していくのが合理的なのです。

　ただし、土地や借地権は、使用しても価値が減るわけではないので、減価償却の対象になりません。また、使用可能期間が1年未満のものや、取得価額が一つにつき10万円未満のものについては、購入した年度に全額を必要経費（消耗品費：113ページ）にすることができます。

減価償却資産と消耗品の境目は10万円という取得価額。ノートパソコンも10万円以上のものなら減価償却の対象ですが、10万円未満だと消耗品になります。

減価償却資産の価値は年々減っていく

　事業用に購入したクルマなどは、事業用の資産（財産）なので、年度末には、金額に評価しなければなりません。

　しかし、180万円で購入したクルマは、どんなに手入れがされていても買ったときの値段が維持されていくわけではありません。法律に定められた使用可能期間（普通自動車の場合は6年）の中で、年々少しずつ価値が減っていきます。カンタンに考えれば、毎年30万円ずつ価値が減っていき、6年で資産としての価値がなくなるということです。

　減価償却資産の償却方法は、<u>取得にかかった金額を使用可能期間で分割し、毎年一定の額で減少させていく</u>（「定額法」といいます）のが基本です。特別な届出を税務署にしない限り、毎年一定額の減価償却費を必要経費として計上していくことになります。

減価償却資産の評価

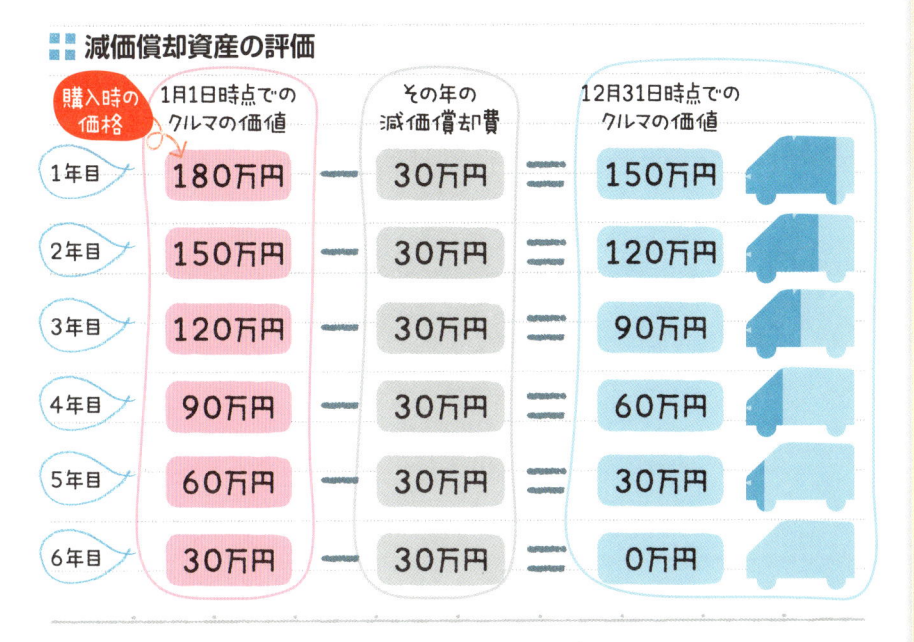

棚卸資産ってなんだ?

棚卸しの目的は、在庫品の数量などを確認し、帳簿上の在庫数と照らし合わせること。小売業や製造業の個人事業者にとって、棚卸しは大切な仕事です。年度末の棚卸資産を把握することで、今期の "もうけ" が確定します。

在庫品を確認し、年度末の棚卸資産を把握

販売目的で保管している在庫品などが、どれくらい残っているのかを実際に確認し、商品や製品の状態を見てチェックしたり、帳簿上に残っている在庫数と照らし合わせる作業を棚卸しといいます。

個人事業者が必ず棚卸しをしなければならない時期は、年度末（原則として12月31日）です。この時点で在庫として残っている商品や製品、仕掛品（製造の途上にあるもの）、原材料などを棚卸資産といいます。

棚卸資産の金額は、次のように求めます。

棚卸資産の金額 $=$ 在庫の数量 $\times$ 在庫の単価

帳簿棚卸しと実地棚卸し

棚卸しの方法には、帳簿上だけで在庫の数を把握する帳簿棚卸しと、実際に在庫の数をカウントする実地棚卸しがあります。

商品や製品をパソコンなどで定期的に管理している場合は、帳簿棚卸しだけでも数を把握できますが、在庫品の品質や状態（紛失をふくむ）を正確に把握するには、実地棚卸しが必要です。

棚卸資産の評価方法

　在庫の数を数えたら、在庫の単価を決めます。

　在庫単価の決定には、**原価法**と呼ばれるいくつかの計算方式があり、棚卸資産の種類ごとに、どの評価方法を採用するかを選ぶことができます。同じ商品であっても、どの時点で仕入れたかによって購入した金額が違ってくる場合があるからです。

　棚卸資産の評価方法を選択する場合は、**「所得税のたな卸資産の評価方法の届出書」**を最初の確定申告の提出期限（３月15日）までに納税地を所轄する税務署に提出します。

　なお、この届出を行わなかった場合は、最後に仕入れたときの単価で評価する**最終仕入原価法**が適用されます。その他には、商品の種類ごとに総仕入額を出して、総仕入数で割った**総平均法**という原価法などがあります。また、青色申告者に限っては、原価法で計算された単価と、年末時点での単価をくらべて、どちらか低いほうを評価額にできる**低価法**も選択が可能です。

低価法は青色申告者のみ選択可能。届出をせずに最終仕入原価法のままでもとくに問題はありませんが、棚卸資産の評価額を低くおさえると節税につながります。

仕入額がどんどん下がっている商品の場合、最後に仕入れたときの価格で評価する最終仕入原価法がいちばん節税になりますね。

家族に支払った給与を必要経費にする

青色事業専従者給与額を必要経費に算入するための手続き

税金の種類	所得税	提出先	納税地の所轄税務署
対象者	家族を青色事業専従者にする人	手続き名	青色事業専従者給与に関する届出手続

青色申告をしていれば家族の給与も必要経費にできる

　開業したばかりの段階では、人を雇い入れることが難しく、働き手として妻や夫、親族の力を借りなければならないことが少なくありません。そんなときに「青色事業専従者給与に関する届出書」を提出すれば、青色事業専従者給与額を必要経費に算入することができます。

　青色事業専従者とは、青色申告を行う個人事業者と生計が同じである配偶者や15歳以上の親族で、年間6か月以上その事業に専属的な立場で働いている人のことです。

　提出期限は、専従者が働き始めてから2か月以内。1月1日〜1月15日に働き始めたときは3月15日までです。

Data

手続対象者	家族に働いてもらい、給与を支払おうとしている人
届出書	「青色事業専従者給与に関する届出書」
提出先	納税地を所轄する税務署
提出期限	専従者が働き始めた日から2か月以内
相談窓口	最寄りの税務署（所得税担当）

国税庁のホームページはここ！

国税庁　青色事業専従者給与に関する届出手続	検索 

※申請書が見つかります。

青色事業専従者給与に関する届出書

納税地は、通常、住所地になる

税務署受付印

青色事業専従者給与に関する ○届　　出　書
○変更届出

1 1 2 0

東京上野 税務署長

XX 年 XX 月 XX 日提出

納　税　地	○住所地・○居所地・○事業所等（該当するものを選択してください。） （〒 000 － 0000　） 東京都台東区台東○丁目○番地 （TEL 00 － 0000 － 0000）
上記以外の住所地・事業所等	納税地以外に住所地・事業所等がある場合は記載します。 （〒　　－　　） （TEL　　－　　－　　）
フリガナ 氏　名	ヤマ　ダ　イチ　ロウ 山 田 一 郎	生年月日	○大正 ○昭和 ○平成 XX 年 XX 月 XX 日生 ○令和
職　業	文具の小売業	フリガナ 屋 号	ヤマ　ダ　ブン　グ 山 田 文 具

青色専従者の氏名、続柄、年齢、経験年数などを具体的に記入

▼ XX 年 XX 月以後の青色事業専従者給与の支給に関しては次のとおり ○定　　め　　た
○変更することとした

ので届けます。

1　青色事業専従者給与（裏面の書き方をお読みください。）

専従者の氏名	続柄	年齢 経験年数	仕事の内容・従事の程度	資格等	給　料		賞　与		昇給の基準
		歳			支給期	金額（月額）	支給期	支給の基準（金額）	
1	山田陽子	妻	X /	一般事務 毎日X時間,週X日	日商簿記 X級	毎月 月末	円 X00,000	6月 12月	1カ月 1カ月	業績を参考に 年1回見直し
2										
3										

2　その他参考事項（他の職業の併有等）　　3　変更理由（変更届出書を提出する場合、その理由を具体的に記載します。）

従事の程度については「毎日○時間、週○日」などと記載

支給期については「毎月○日」などと記入

4　使用人の給与（この欄は、この届出（変更）書の提出…

使用人の氏名	性別	年齢 経験年数	仕事の内容・従事の程度	資格…				昇給の基準
		歳			支給期	金額（月額）	支給期	支給の基準（金額）	
						円			
4									

青色事業専従者の給与は、労働の質や程度に見合った適正な金額でなければ、必要経費として認められない

※　別に給与規程を定めているときは、その写しを添付してください。

関与税理士 （TEL　　－　　）	税務署整理欄	整理番号					

たとえば「日商簿記○級」「大型自動車免許」などと、特殊技能などの有無について記入

"専属的に従事している人" なので、個人事業者の妻などが他の会社でパート勤めをしている場合は、青色事業専従者になれません。

源泉所得税

従業員に給与を支払うことになった場合
アルバイトやパートに給与を支払うための手続き

税金の種類	源泉所得税	提出先	給与支払事務所等の所在地の所轄税務署
対象者	従業員を雇うことになった人 家族を青色事業専従者にしている人	手続き名	給与支払事務所等の開設の届出

給与を支払うために必要な手続き

　人を雇ったら、当然ながら彼らに給与を支払わなければなりません。〈給与支払事務所等の開設の届出〉は、個人事業者が**アルバイトやパートなどの従業員に給与を支払うための手続き**です。給与支払事務所とは、従業員を雇い入れたり、家族を青色事業専従者（080ページ）にして給与を支払っている事業者のことをさします。従業員を雇い入れた場合、事業者は従業員を雇うようになった日から1か月以内に、「給与支払事務所等の開設届出書」を所轄の税務署に提出します。

〈青色事業専従者給与に関する届出手続〉（080ページ）を行うときに、この手続きを同時に済ませておきましょう。

Data

手続対象者	従業員や家族に給与を支払うことになった人
届出書	「給与支払事務所等の開設届出書」
提出先	給与支払事務所等の所在地の所轄税務署
提出期限	開設の日から1か月以内
相談窓口	最寄りの税務署（源泉所得税担当）

国税庁のホームページはここ！

国税庁　給与支払事務所等の開設の届出	検索 

※申請書が見つかります。

給与支払事務所等の開設届出書

あて名は、給与支払事務所等の所在地の所轄税務署長

12桁の個人番号を記入

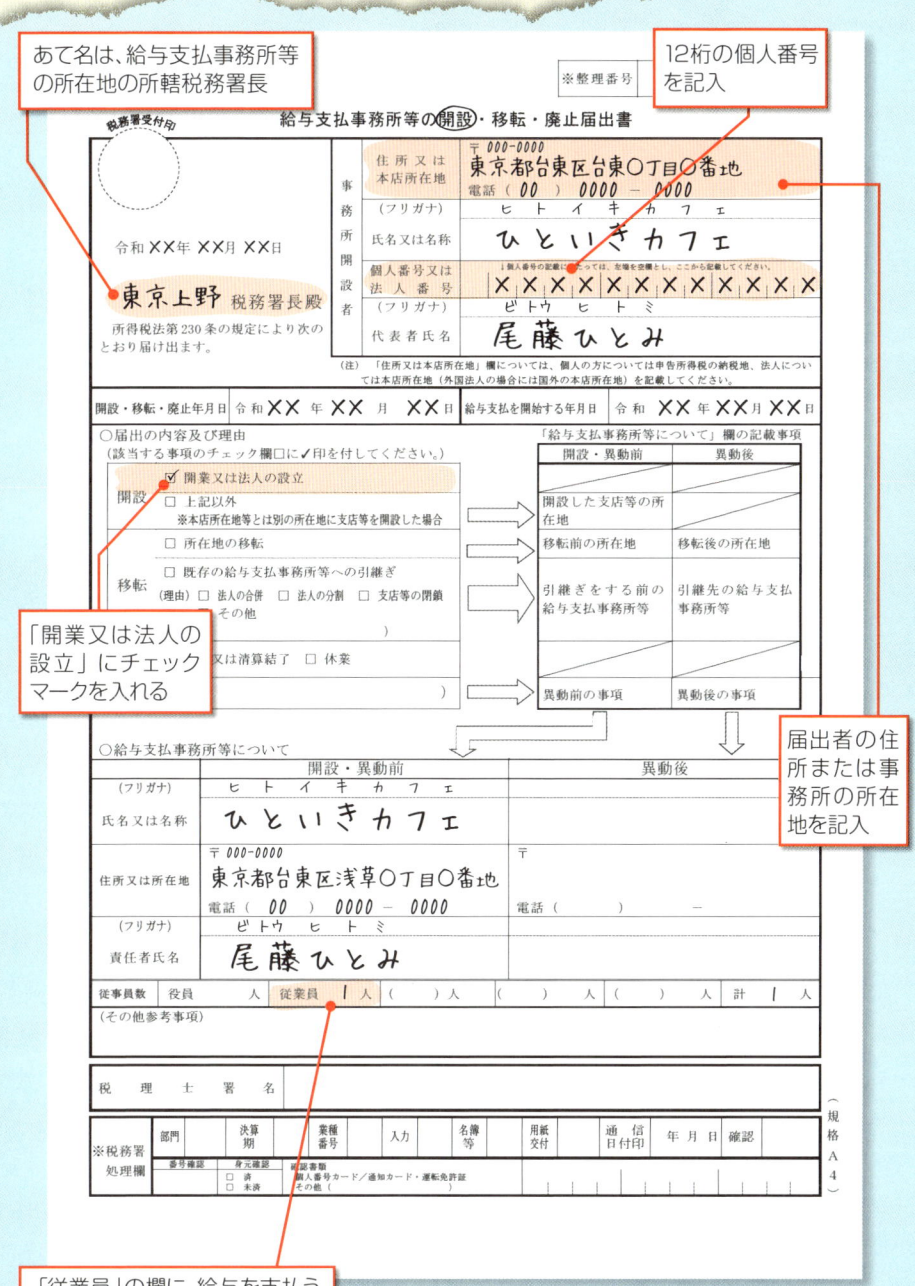

税務署受付印

※整理番号

給与支払事務所等の開設・移転・廃止届出書

令和XX年 XX月 XX日

東京上野 税務署長殿

所得税法第230条の規定により次のとおり届け出ます。

事務所開設者	住所又は本店所在地	〒 000-0000 東京都台東区台東〇丁目〇番地 電話（ 00 ） 0000 ー 0000
	（フリガナ）	ヒトイキカフェ
	氏名又は名称	ひといきカフェ
	個人番号又は法人番号	↓個人番号の記載に当たっては、左端を空欄とし、ここから記載してください。 X X X X X X X X X X X X
	（フリガナ）	ビトウ ヒトミ
	代表者氏名	尾藤ひとみ

(注) 「住所又は本店所在地」欄については、個人の方については申告所得税の納税地、法人については本店所在地（外国法人の場合には国外の本店所在地）を記載してください。

届出者の住所または事務所の所在地を記入

開設・移転・廃止年月日	令和 XX 年 XX 月 XX 日	給与支払を開始する年月日	令和 XX 年 XX 月 XX 日

○届出の内容及び理由
（該当する事項のチェック欄□に✓印を付してください。）

「開業又は法人の設立」にチェックマークを入れる

		「給与支払事務所等について」欄の記載事項
		開設・異動前 / 異動後
開設	☑ 開業又は法人の設立	
	□ 上記以外 ※本店所在地等とは別の所在地に支店等を開設した場合	開設した支店等の所在地
移転	□ 所在地の移転	移転前の所在地 / 移転後の所在地
	□ 既存の給与支払事務所等への引継ぎ （理由）□ 法人の合併 □ 法人の分割 □ 支店等の閉鎖 □ その他（ ）	引継ぎをする前の給与支払事務所等 / 引継先の給与支払事務所等
廃止	□ 廃業又は清算結了 □ 休業 （ ）	異動前の事項 / 異動後の事項

○給与支払事務所等について

	開設・異動前	異動後
（フリガナ）	ヒトイキカフェ	
氏名又は名称	ひといきカフェ	
住所又は所在地	〒 000-0000 東京都台東区浅草〇丁目〇番地 電話（ 00 ） 0000 ー 0000	〒 電話（ ） ー
（フリガナ）	ビトウ ヒトミ	
責任者氏名	尾藤ひとみ	

従事員数	役員 人	従業員 1 人	（ ）人	（ ）人	（ ）人	計 1 人

（その他参考事項）

「従業員」の欄に、給与を支払う人員数を記入

税 理 士 署 名	

※税務署処理欄	部門	決算期	業種番号	入力	名簿等	用紙交付	通信日付印	年 月 日	確認	〈規格A4〉
	番号確認 身元確認 □ 済 □ 未済	確認書類 個人番号カード／通知カード・運転免許証 その他（ ）								

※すでに提出している「個人事業の開業・廃業等届出書」（070ページ）に、従業員を雇い入れている旨を記入している場合、この届出書を出す必要はありません。

源泉所得税の納付を年2回にする
源泉所得税の納付を年2回にするための手続き

税金の種類	源泉所得税	提出先	給与支払事務所等の所在地の所轄税務署
対象者	常時10人未満の従業員を雇っている人	手続き名	源泉所得税の納期の特例の承認に関する申請

毎月の納付が年2回になる

　人を雇って給与を支払った場合は、その支払いのたびに、支払金額に応じた所得税などを差し引くことになっています。

　従業員の給与から天引きした源泉所得税は、原則として給与などを実際に支払った月の翌月の10日までに国に納付しますが、**従業員が常時10人未満の場合は源泉所得税の納付を半年ごとにまとめて納めることができます**。源泉所得税の納付を年2回にするためには、「源泉所得税の納期の特例の承認に関する申請書」を所轄税務署に提出しておきましょう。

開業後の納付事務の負担を軽くするため、とりあえず提出しておくといいでしょう。

Data

手続対象者	常時10人未満の従業員を雇っている人
届出書	「源泉所得税の納期の特例の承認に関する申請書」
提出先	給与支払事務所等の所在地の所轄税務署
提出期限	申請書を提出した日の翌月に支払う給与から特例が適用
相談窓口	最寄りの税務署（源泉所得税担当）

国税庁のホームページはここ！

国税庁　源泉所得税の納期の特例の承認に関する申請	検索

※申請書が見つかります。

源泉所得税の納期の特例の承認に関する申請書

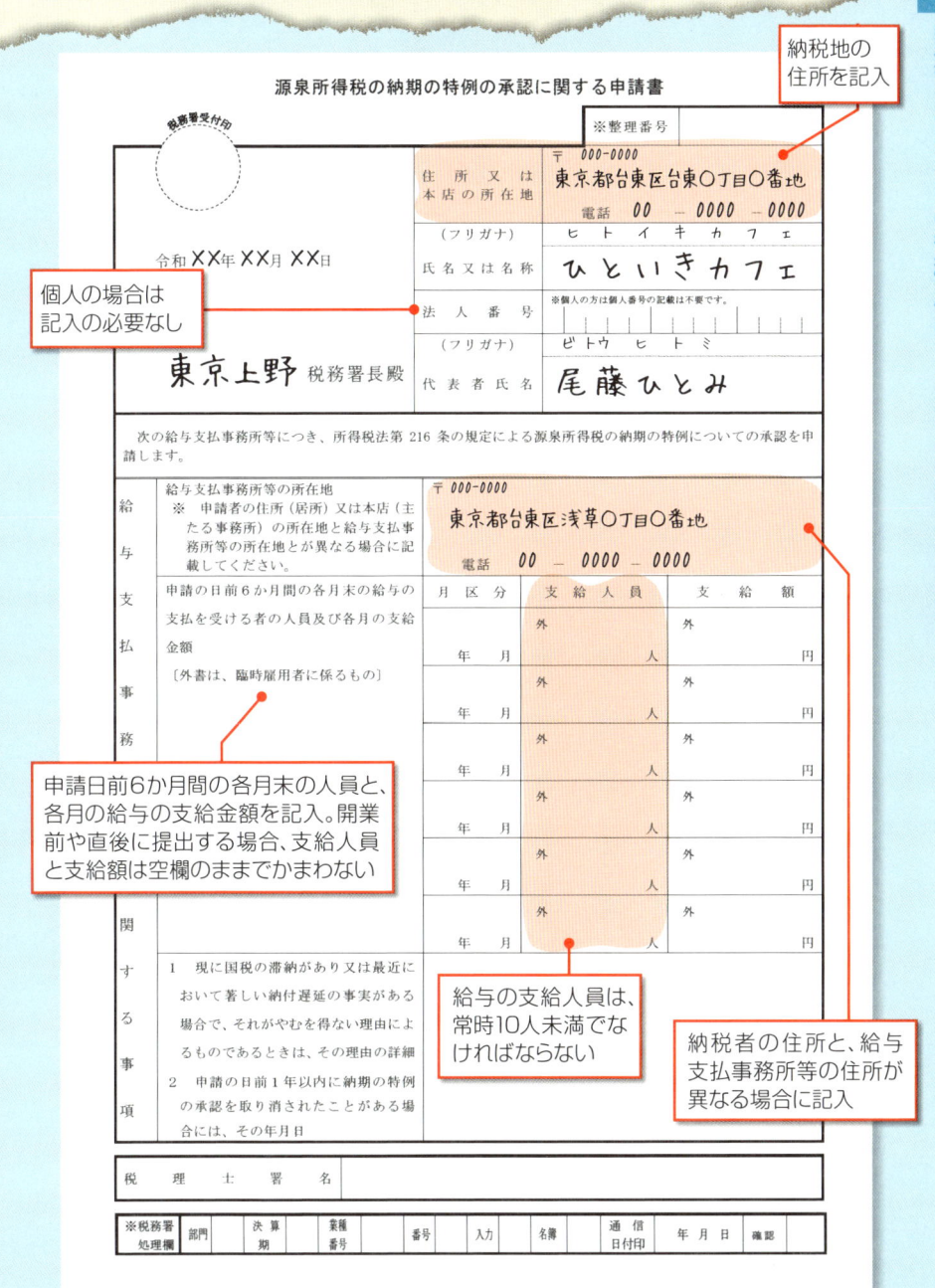

納税地の住所を記入

個人の場合は記入の必要なし

申請日前6か月間の各月末の人員と、各月の給与の支給金額を記入。開業前や直後に提出する場合、支給人員と支給額は空欄のままでかまわない

給与の支給人員は、常時10人未満でなければならない

納税者の住所と、給与支払事務所等の住所が異なる場合に記入

※納付期限は年2回。1月から6月までに支払った給与から天引きした源泉所得税は7月10日、7月から12月までの源泉所得税は翌年1月20日が納付期限となります。

消費税

インボイスの登録事業者になる

適格請求書発行事業者になるための手続き

税金の種類	消費税	提 出 先	納税地の所轄税務署
対 象 者	インボイスの登録を受けようとする人	手 続 き 名	適格請求書発行事業者の登録申請手続

インボイスの登録事業者になるための手続き

　個人事業者は、原則として開業から2年間は消費税が免除される「免税事業者」になります。

　しかし、適格請求書発行事業者になってインボイス制度（**088**ページ）の適用を受けるには、「適格請求書発行事業者の登録申請書」を所轄の税務署に提出して、消費税を納める「課税事業者」にならなければなりません。

　適格請求書は登録を受けた日より発行できるようになるため、最初の取引が行われる前までに手続きを終わらせる必要があります。

　なお、課税事業者になれば、開業時に多額の設備投資などをし、支払った消費税よりも預かった消費税のほうが多くなった場合、還付を受けられます。

Data

手続対象者	適格請求書発行事業者の登録を受けようとする事業者
届出書	「適格請求書発行事業者の登録申請書」
提出先	納税地を所轄する税務署
提出期限	最初の取引が行われる前
相談窓口	国税庁または最寄りの税務署

国税庁のホームページはここ！

国税庁　適格請求書発行事業者の登録申請手続	検索	

※申請書が見つかります。

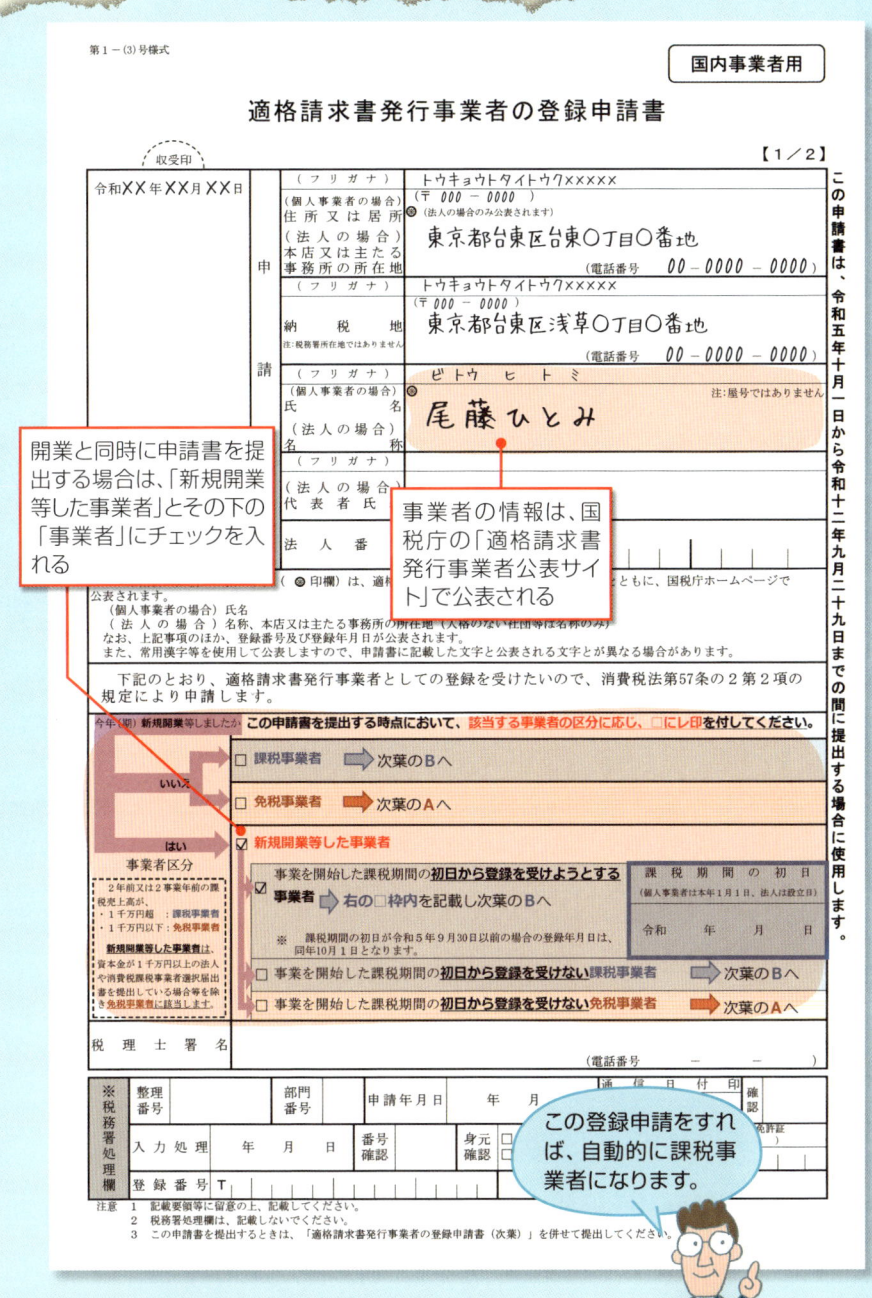

※2枚目の「登録要件の確認」欄も忘れずに記入すること。

インボイス制度の基礎知識

インボイス制度とは、消費税の「仕入税額控除」を受けるためのしくみのことです。インボイスを発行するには、自身が「適格請求書発行事業者」になり、消費税を納めることが必要です。

インボイス制度ってなんだ？

インボイス制度とは、簡単にいえば、売り手が買い手に対して、取引の内容や金額、適用した消費税率（10%または8%）、消費税額などを伝えるために、これらが明記された請求書や領収書などを発行・保存しておくという制度です。この請求書などを「適格請求書（インボイス）」といい、買い手である仕入側は、これを保存しておくことで消費税の仕入税額控除の適用が受けられます。

086ページで説明したように、事業者には課税事業者と免税事業者があります。課税事業者は消費税を納税しなければなりませんが、実際の納税額は売上の際に自身が受け取った消費税から、仕入や経費などの際に取引相手に支払った消費額を差し引いて求めます。この仕入や経費での支払いの際にかかった消費税分を差し引くことを「仕入税額控除」といいます。

■ 仕入税額控除とは？

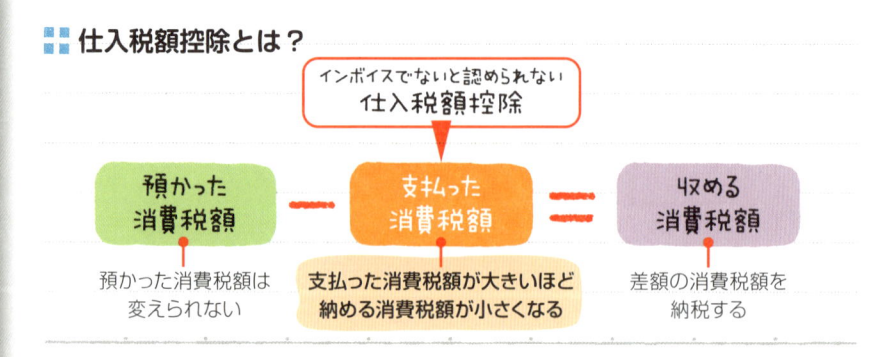

インボイスでないと認められない
仕入税額控除

| 預かった消費税額 | — | 支払った消費税額 | ＝ | 収める消費税額 |

預かった消費税額は変えられない　　支払った消費税額が大きいほど納める消費税額が小さくなる　　差額の消費税額を納税する

インボイス制度の適用を受けるには？

　インボイス制度の適用を受ける、つまり仕入税額控除を自身が受けたり、取引先が受けられたりするようになるためには、インボイス発行事業者の登録手続きをして、自身が「適格請求書発行事業者」になっていなければなりません。

　事業をスタートする前に、管轄地の税務署に「適格請求書発行事業者の登録申請書」（086ページ）を管轄地の税務署に提出しておきましょう。適格請求書発行事業者になると、請求書や領収書などに記載する事業者の登録番号（T＋13ケタの数字）が通知されます。取引先はこの登録番号の記載を確認することで、相手が適格請求書発行事業者であることがわかります。

■ インボイスの登録申請を済ませると…

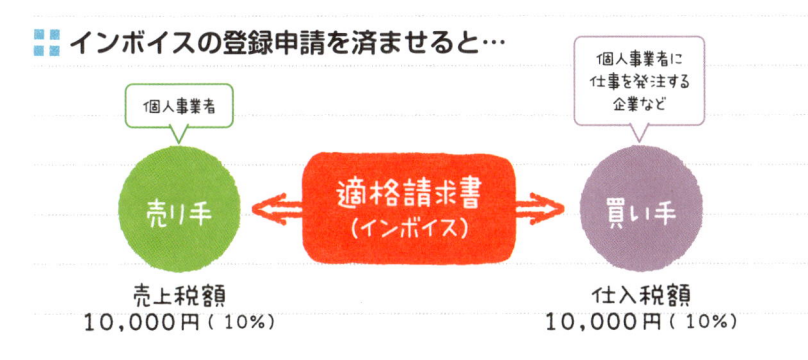

※インボイス制度導入後の負担軽減措置として次のような制度があります。

「2割特例」…2026年9月末まで、消費税の納付税額を売上税額の2割として計算できる

「少額特例」…2029年9月末まで、課税仕入1万円未満はインボイス保存不要で仕入税額控除ができる（売上高5,000万円以下の事業者に限る）

課税事業者は、適格請求書発行事業者として適格請求書の発行と、その写しの保管が義務付けられています。

適格請求書に記載しなければならないこと

　適格請求書に記載されるのは、「登録番号」「適用税率」「税率ごとに区分した消費税額等」「発行者と買い手側の名称」「取引年月日」です。

　売り手である適格請求書発行事業者は、買い手である取引相手（課税事業者）から求められたときに、適格請求書を交付し、交付した適格請求書の写しを保存しておかなければなりません。

　また、買い手は仕入税額控除の適用を受けるために、原則として、取引相手（売り手）から交付を受けた適格請求書の保存が必要となります。

■ 適格請求書の例

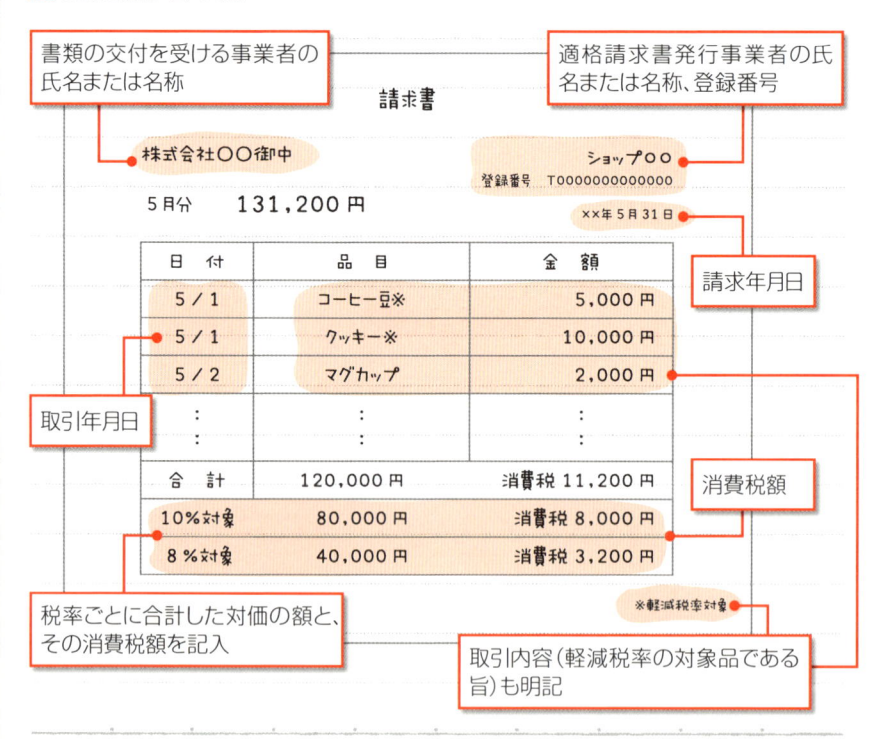

書類の交付を受ける事業者の氏名または名称

適格請求書発行事業者の氏名または名称、登録番号

請求年月日

取引年月日

消費税額

税率ごとに合計した対価の額と、その消費税額を記入

取引内容（軽減税率の対象品である旨）も明記

請求書

株式会社○○御中

ショップ○○
登録番号　T0000000000000

××年5月31日

5月分　　131,200円

日　付	品　目	金　額
5／1	コーヒー豆※	5,000 円
5／1	クッキー※	10,000 円
5／2	マグカップ	2,000 円
：	：	：
合　計	120,000 円	消費税 11,200 円
10%対象	80,000 円	消費税 8,000 円
8 %対象	40,000 円	消費税 3,200 円

※軽減税率対象

インボイス制度と個人事業者

086ページで説明したように、事業を開始したばかりの個人事業者は、原則として最初の2年は消費税を納める必要はありませんが、インボイス制度のもとでは、課税事業者になって消費税を求めることを選ぶケースもあります。

なぜなら、**自身が免税事業者だと、買い手側である取引先が仕入税額控除を受けられなくなり、相手が負担する消費税納付金額が増える（＝支払った消費税分、相手側が損をする）ことになる**からです。

その結果、適格請求書発行事業者になっていない個人事業者は「取引先が支払った消費税分の損をすることになるため、仕事が発注されなくなる」「会社の経費として認められなくなるため、お店を利用されなくなる」といった立場に置かれる可能性があります。

また、適格請求書発行事業者にならないと、個人事業者も経費などで支払った消費税額を、受け取った消費税額から差し引くことができません。

適格請求書発行事業者の登録にあたっては、取引先との関係や、事業の形態に合わせて検討しましょう。

個人事業主が適格請求書発行事業者にならないと取引先は損する

預かった消費税 30,000円 ー 支払った消費税 10,000円 ＝ 取引先が納税する消費税 30,000円

支払い税額控除ができない

本当は20,000円で済むところが30,000円になる！

個人事業税

法定業種の事業を行っている人が納める個人事業税
法定業種は70の業種。ほとんどの事業が該当

税金の種類	個人事業税	**提出先**	所轄の都道府県税事務所など
対象者	ほとんどの個人事業者	**手続き名**	都道府県税事務所への個人事業開始申告の手続き

該当するかを確認し、開業したら速やかに提出

　個人事業税とは、個人事業のうち、法律で決められた事業（「法定業種」といいます）に対してかかる税金（地方税）です。現在、法定業種は70の業種があり、ほとんどの事業が該当します。ただし、法定業種に該当していても、事業所得（青色申告特別控除前）といわれる事業の"もうけ"が290万円以下の場合は、個人事業税を納めなくて済みます。

　法定業種に該当する個人事業者は、開業したら速やかに「事業開始等申告書」を所管の都道府県税事務所などに提出します。

個人事業税は、個人事業者に対して課せられる税金です。8月に送られてくる納税通知書にしたがって都道府県税事務所に納付します。

Data

手続対象者	法定業種に該当する個人事業者
届出書	「事業開始等申告書」
提出先	都道府県税事務所（税支所）・支庁
提出期限	事業開始の日から15日以内（東京都の場合）
相談窓口	最寄りの都道府県税事務所（税支所）・支庁

都道府県税事務所のホームページはここ！

| ○○県　個人事業開始申告書　ダウンロード | 検索  |

　　※自治体によってはすぐに書類のダウンロードページが出てこないこともあります。

※事業を営む場所（事務所や店舗）が住所地と異なる場合は、市区町村役場への届出も必要です。地域によっては、「事業開始等申告書」を市区町村役場にも提出しなければならない場合があります。

事業開始等申告書（東京都の場合）

> 届出書の名称や様式は、自治体によって異なる

第32号様式（甲）（条例第26条関係）

> 事務所や店舗の住所を記入

事業開始等申告書（個人事業税）

		新（変更後）	旧（変更前）
事務所（事業所）	所 在 地	東京都台東区浅草〇丁目〇番地　電話 00（0000）0000	電話　（　　）
	名称・屋号	ひといきカフェ	
	事業の種類	飲食店業	

事業主住所が事務所（事業所）所在地と同じ場合は、下欄に「同上」と記載する。
なお、異なる場合で、事務所（事業所）所在地を所得税の納税地とする旨の書類を税務署長に提出する場合は、事務所（事業所）所在地欄に〇印を付する。

事業主	住 所	東京都台東区　台東〇丁目〇番地　電話 00（0000）0000	電話　（　　）
	フリガナ	ビトウ ヒトミ	
	氏 名	尾藤ひとみ	

> 個人事業者の住所が、事務所や店舗と同じ場合は、「同上」と記入

開始・廃止・変更等の年月日	✕✕ 年 ✕✕ 月 ✕✕ 日	事由等	開始・廃止・※法人設立　その他（　　　）

> 「開始」を丸で囲む

※法人設立	所 在 地		法人名称	
	法人設立年月日	年　　月　　日（既設・予定）	電話番号	

東京都都税条例第26条の規定に基づき、上記のとおり申告します。

> 事業を開始した日を記入

✕✕ 年 ✕✕ 月 ✕✕ 日

氏名　尾藤ひとみ

台東　都税事務所長　支庁長殿

（日本産業規格A列4番）

備考　この様式は、〇〇〇〇〇〇〇〇〇第26条に規定する申告をする場合　用いること〇〇〇

個人事業税の法定業種は70業種あって、税率は3～5%と業種によって異なるんですね。

（都・個）

093

人を雇ったら労働保険に加入する

労災保険と雇用保険は、従業員のための労働保険

保険の種類	労災保険 雇用保険	**提出先**	所轄の労働基準監督署 所轄のハローワーク
対象者	従業員を 雇うことになった人	**手続き名**	労働保険と 雇用保険の手続き

一人でも雇ったら労災保険に入る

　労働保険とは、**労災保険**（労働者災害補償保険）と**雇用保険**を総称する言葉です。個人事業で開業し、事業者だけで営業していれば、労災保険の手続きは必要ありませんが、**従業員を一人でも雇い入れたら、業種や規模にかかわらず、労災保険に加入しなければならない**ことになっています。

　雇用保険は、従業員の勤務日数や労働時間によって加入するかしないかが決まります。アルバイトやパートの場合、**31日以上雇用の見込みがあり、かつ1週間の労働時間が20時間以上ある場合、雇用保険への加入**が必要です。

労働保険 ＝ 労災保険 ＋ 雇用保険

Data

労災保険加入の手続き	従業員を雇用した日から10日以内に	届出書	「労働保険　保険関係成立届」
		提出先	所轄の労働基準監督署
	従業員を雇用した日から50日以内に	届出書	「労働保険概算保険料申告書」
		提出先	所轄の労働基準監督署または都道府県労働局など
雇用保険加入の手続き	従業員を雇用した日から10日以内に	届出書	「雇用保険適用事業所設置届」
		提出先	所轄のハローワーク
	従業員を雇用した月の翌月10日までに	届出書	「雇用保険被保険者資格取得届」
		提出先	所轄のハローワーク

> 労災保険と雇用保険の保険料はいっしょに納めます。

労災保険

従業員が仕事中や通勤途中にけがをしたり、業務が原因で病気になったり、死亡した場合、従業員やその遺族に対して給付金が支払われる制度。労災保険料は、全額を事業者が負担しなければなりません。

雇用保険

労働者が仕事を失ったり、病気などの事情で休職して収入を失ったりしたときに、生活の安定や再就職を支援するための制度。雇用保険料は、事業者と従業員の間で負担割合が決められています。

労働保険（労災保険と雇用保険）の手続きの流れ

　人を雇い入れたら、まず「労働保険　保険関係成立届」を所轄の労働基準監督署に添付書類とともに提出します。そして、「労働保険概算保険料申告書」を提出し、その年度分の労働保険料（労災保険料と雇用保険料の合算。加入日から翌年3月末までに支払われる給与の見込額をもとに計算します）を概算保険料として申告・納付します。

　雇用保険に加入する場合は、上記の手続きを済ませた後、「雇用保険適用事業所設置届」と「雇用保険被保険者資格取得届」を所轄のハローワーク（公共職業安定所）に提出します。雇用保険の手続きには、営業許可証、労働者名簿などの書類が必要になるので、最寄りのハローワークに確認しましょう。

労働基準監督署のホームページはここ！　 ○○県　労働基準監督署　検索

※「労働保険 保険関係成立届」「労働保険概算保険料申告書」は労働基準監督署（063ページ）などで入手できます。

ハローワークのホームページはここ！

 ハローワーク　雇用保険適用事業所設置届　検索

 ハローワーク　雇用保険被保険者資格取得届　検索

※申請書が見つかります。

労働保険　保険関係成立届

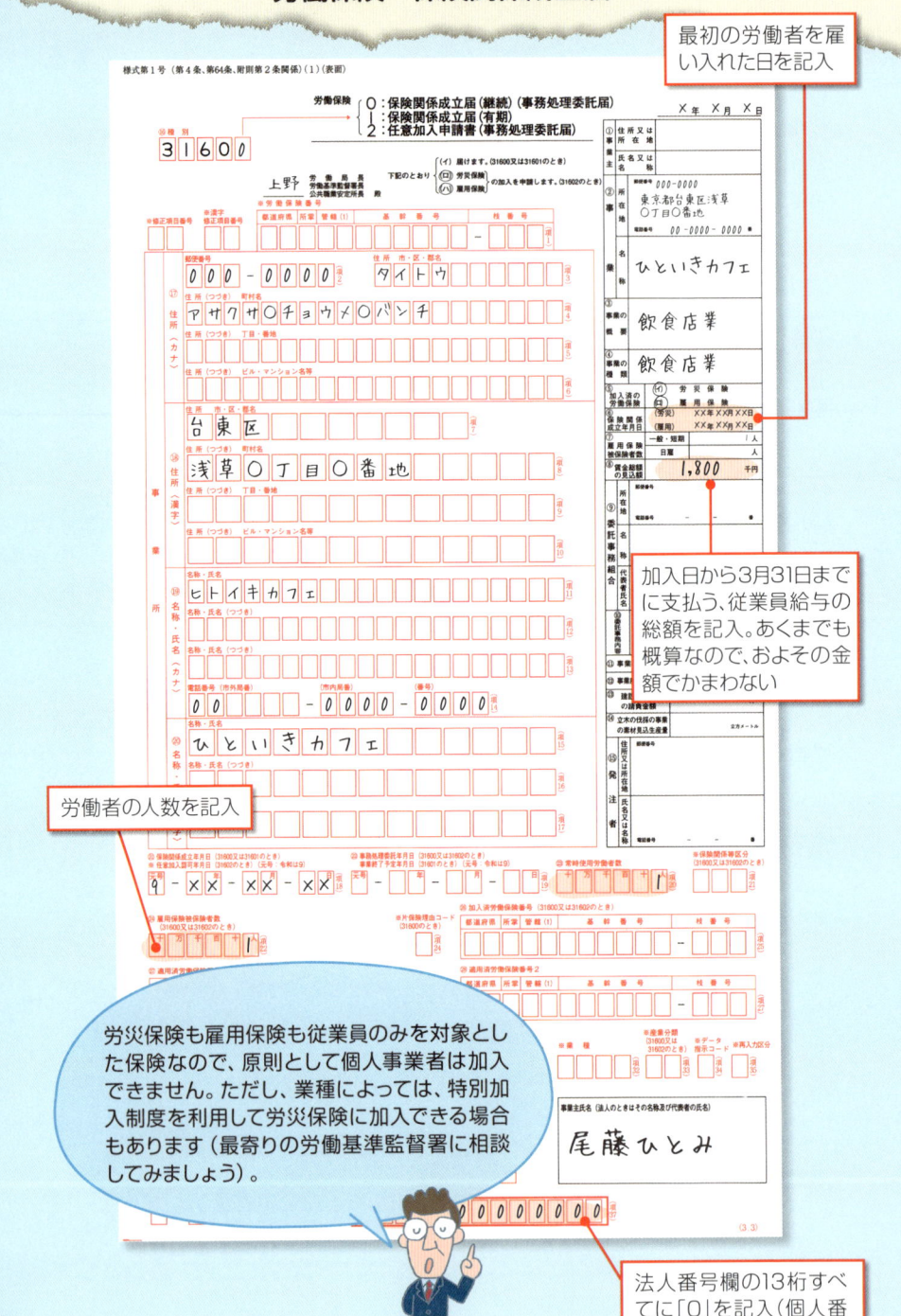

労働保険概算保険料申告書

様式第6号（第24条、第25条、第33条関係）（甲）（1）

労働保険 概算・増加概算・確定 保険料
31759 石綿健康被害救済法 一般拠出金 申告書　継続事業（一括有期事業を含む。）

下記のとおり申告します。

標準字体 0 1 2 3 4 5 6 7 8 9

第3片「記入にあたっての注意事項」をよく読んでから記入して下さい。
OCR枠への記入は上記の「標準字体」でお願いします。

提出用

種別　3 2 7 0 1

※各種区分

X 年 X 月 X 日

⑦確定保険料算定内訳　算定期間　令和5年4月1日から令和6年3月31日まで

⑦区分	⑧保険料・一般拠出金算定基礎額	⑨保険料・一般拠出金率	⑩確定保険料・一般拠出金額（⑧×⑨）
労働保険料		1000分の	
労災保険分		1000分の	
雇用保険分		1000分の	
一般拠出金		1000分の	

概算・増加概算保険料算定内訳　算定期間　令和6年4月1日から令和7年3月31日まで

⑪区分	⑫保険料算定基礎額の見込額	⑬保険料率	⑭概算・増加概算保険料額
労働保険料		1000分の	
労災保険分		1000分の	
雇用保険分	1 8 0 0	15.5	2 1 6 0 0

> 加入日から3月31日までに支払う、従業員給与の総額を概算で記入

㉚申告済概算保険料額
㉛増加概算保険料額（⑭の（イ）-㉚）

(8)(10)(12)(14)(20)の（ロ）欄の金額の前に「¥」記号を付さないで下さい。

0 0 0 0 0 0 0 0 0 0 0 0 0

> 法人番号欄の13桁すべてに「0」を記入（個人番号の記入は不要）

	⑳労働保険料充当額	㉑一般拠出金充当額	㉒一般拠出金額	㉓今期納付額
第1期		21,600		21,600
第2期				
第3期 21,600				

事業又は作業の種類　**飲食店業**

㉘保険関係成立年月日　X年X月X日

⑯加入している労働保険　労災保険・雇用保険

㉕事業	（イ）所在地 台東区浅草○丁目○番地	（ロ）名称 **ひといきカフェ**

電話番号 000-0000 （00）0000 - 0000

事業主	（イ）住所 台東区台東○丁目○番地
	（ロ）名称 ひといきカフェ
	（ハ）氏名 **尾藤ひとみ**

> 初めて従業員を雇った日を記入

社会保険労務士記載欄　作成年月日・提出代行者・事務代理者の表示　氏名

雇用保険適用事業所設置届

雇用保険適用事業所設置届

（必ず第2面の注意事項を読んでから記載してください。）

※ 事業所番号

下記のとおり届けます。

上野 公共職業安定所長　殿

令和 X 年 X 月 X 日

（この用紙は、このまま機械で処理しますので、汚さないようにしてください。）

帳票種別 1 2 0 0 1

1. 法人番号（個人事業の場合は記入不要です。）

2. 事業所の名称（カタカナ） ヒ ト イ キ カ フ ェ

事業所の名称〔続き（カタカナ）〕

3. 事業所の名称（漢字） ひ と い き カ フ ェ

事業所の名称〔続き（漢字）〕

4. 郵便番号 0 0 0 - 0 0 0 0

5. 事業所の所在地（漢字）※市・区・郡及び町村名 台 東 区 浅 草

事業所の所在地（漢字）※丁目・番地 ○ 丁 目 ○ 番 地

事業所の所在地（漢字）※ビル、マンション名等

6. 事業所の電話番号（項目ごとにそれぞれ左詰めで記入してください。）
0 0 - 0 0 0 0 - 0 0 0 0
市外局番　　市内局番　　番号

7. 設置年月日 5 - X X X X X X （3 昭和 4 平成 / 5 令和）
年　月　日

8. 労働保険番号 X X X X X X X X X X X X X X
府県 所掌 管轄 基幹番号 枝番号

> 「労働保険　保険関係成立届」を提出し、あらかじめ労働保険番号を入手しておく必要がある

※公共職業安定所記載欄

9. 設置区分 □（1 当然 / 2 任意）
10. 事業所区分 □（1 個別 / 2 委託）
11. 産業分類 □
12. 台帳保存区分 □（1 日雇被保険者のみの事業所 / 2 船舶所有者）

13. 事業主
- （フリガナ）タイトウク アサクサ ○チョウメ ○バンチ
- 住　所（法人のときは主たる事業所の所在地）台東区浅草○丁目○番地
- （フリガナ）ヒ ト イ キ カ フ ェ
- 名　称 ひといきカフェ
- （フリガナ）ビ トウ ヒ ト ミ
- 氏　名（法人のときは代表者の氏名）尾藤ひとみ

14. 事業の概要（漁業の場合は漁獲の種類、トン数を記入すること）飲食店業

15. 事業の開始年月日 令和 X 年 X 月 X 日
※事業の 16. 廃止年月日 令和　年　月　日

17. 常時使用労働者数 1 人

18. 雇用保険被保険者数 一般 1 人 / 日雇 人

19. 賃金支払関係 賃金締切日 20 日 / 賃金支払日 当 翌月 末日

20. 雇用保険担当課名 課 係

21. 社会保険加入状況 健康保険 厚生年金保険 労災保険

備考

所長 / 次長 / 課長 / 係長 / 係 / 操作者

（この届出は、事業所を設置した日の翌日から起算して10日以内に提出してください）

> 「設置年月日」には、開業後、初めて従業員を雇った日を記入

> 雇用保険の手続きは、労災保険の加入を済ませてから行います。

様式第2号（第6条関係）

雇用保険被保険者資格取得届

標準字体 ０１２３４５６７８９
（必ず第2面の注意事項を読んでから記載してください。）

帳票種別 １９１０１

1.個人番号 ×××××××××××× → 被保険者の個人番号を記入

2.被保険者番号 ××××－×××××××－× → 「被保険者番号」とは、雇用保険の加入履歴を個人ごとに管理するための番号。雇用保険に加入したときに発行される「雇用保険被保険者証」に記載されている

3.取得区分 ２（1 新規取得 / 2 再取得）

4.被保険者氏名 東野 恵美　フリガナ（カタカナ）ヒガシノ メグミ

5.変更後の氏名　フリガナ（カタカナ）

6.性別 ２（1 男 / 2 女）

7.生年月日 ３－×× ×× ××（元号 3 昭和 / 4 平成 / 5 令和 / 1 大正）

8.事業所番号 ×××××－××××××－×

9.被保険者となったことの原因 １（1 新規雇用（新規学卒）/ 2 新規雇用（その他）/ 3 日雇からの切替 / 4 その他 / 8 出向元への復帰等（65歳以上））

10.賃金（支払の態様／賃金月額：単位千円）１－××××（1 月給 2 週給 3 日給 / 4 時間給 5 その他）（百万 十万 万 千円）

11.資格取得年月日 ５－×××× ×× ××（元号 4 平成 / 5 令和） → 初めて従業員を雇った日を記入

12.雇用形態 ７（1 日雇 / 2 派遣 / 3 パートタイム / 4 有期契約労働者 / 5 季節的雇用 / 6 船員 / 7 その他）→ 正社員なら「7」を記入

13.職種 ０５（01～11）第2面参照 → 用紙の裏面に載っている業種から選ぶ

14.就職経路 ２（1 安定所紹介 / 2 自己就職 / 3 民間紹介 / 4 把握していない）

15.1週間の所定労働時間 ４０ ００（時間 / 分）

16.契約期間の定め ２（1 有 － 契約期間 ５－×× ×× ×× から ×× ×× ×× まで（元号）/ 契約更新条項の有無 / 2 無）

事業所名 ひといきカフェ

17欄から23欄までは、被保険者が外国人の場合のみ記入してください。

17.被保険者氏名（ローマ字）（アルファベット大文字で記入してください。）

（ローマ字）

18.在留カードの番号（在留カードの右上に記載されている12桁の英数字）

19.在留期間 ×× ×× ×× まで（西暦 年 月 日）

20.

21.派遣・請負就労区分（1 派遣・請負労働者として主として当該事業所以外で就労する場合 / 2 1に該当しない場合）

22.国籍・地域

※公安記載職　※公共職業安定所欄

24.取得時被保険者種類（1 一般 / 2 短期常用 / 3 季節 / 11 高年齢被保険者（65歳以上））

25.番号複数取得チェック不要（チェック・リストが出力されたが、調査の結果、同一人でなかった場合に「1」を記入）

26.国籍・地域コード（22欄に対応するコードを記入）

27.在留資格コード（23欄に対応するコードを記入）

雇用保険法施行規則第6条第1項の規定により上記のとおり届けます。

住所 台東区浅草〇丁目〇番地

ひといきカフェ

事業主 氏名 尾藤ひとみ

電話番号 00-0000-0000

令和 × 年 × 月 × 日

上野 公共職業安定所長 殿

社会保険労務士記載欄｜作成年月日・提出代行者・事務代理者の表示｜氏 名｜電話番号

※｜次｜課｜係長｜係｜操作者

※備考　確認通知 令和　年　月　日

→ 通勤費をふくむ1か月分の給与額を記入

→ 「雇用保険被保険者資格取得届」は、従業員一人につき一枚作成し、届け出る

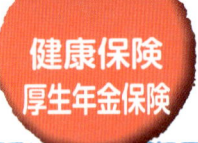

5人以上雇ったら社会保険に加入する
従業員のための健康保険と厚生年金保険

保険の種類	健康保険 厚生年金保険	**提 出 先**	所轄の年金事務所
対 象 者	従業員を5人以上雇う ことになった人	**手 続 き 名**	健康保険と 厚生年金保険の手続き

条件を満たせばアルバイトやパートも加入対象

　業種や規模によっては、つねに複数のスタッフを雇い入れなければ、事業活動ができない事業もあります。そんな個人事業者に関係してくるのが、従業員のための社会保険、つまり健康保険と厚生年金保険の加入です。

　一定の業種で5人以上の従業員を雇っている個人事業の場合は、従業員のために健康保険と厚生年金保険に加入することが法律で義務づけられています。事業者が健康保険と厚生年金保険の手続きを行うと、その従業員は健康保険と厚生年金保険の加入者になります。

　従業員がアルバイトやパートであっても、1日または1週間の労働時間および1か月の労働日数が、通常の労働者の4分の3以上あれば、加入させなければなりません。

■■ 適用されるおもな業種

製造業、建設業、鉱業、電気ガス事業、運送業、小売業、金融保険業、教育・学習支援業、情報通信業など

従業員が5人以上であってもクリーニング業、飲食店、デザイン業などは適用義務がありません。

健康保険

本人やその家族が病気やけがをしたときや出産をしたとき、亡くなったときなどに、必要な医療給付や手当金を支給して、生活を安定させます。病院の窓口に保険証を提示すると、窓口負担が治療費の3割となります。

厚生年金保険

労働者が高齢となって働けなくなったり、病気やけがによって身体に障害が残ってしまったり、大黒柱を亡くして遺族が生活に困窮してしまったときに、保険給付を行います。

健康保険と厚生年金保険の手続きの流れ

　従業員を5人以上雇い入れ、厚生年金保険と健康保険に加入すべき要件を満たしたら、その日から5日以内に「健康保険・厚生年金保険　新規適用届」と「健康保険・厚生年金保険　被保険者資格取得届」を所轄の年金事務所へ提出します。

保険料は、事業主と労働者が折半で負担するんですよ。

Data

手続対象者	一定の業種で5人以上の従業員を雇っている個人事業者
届出書	「健康保険・厚生年金保険　新規適用届」「健康保険・厚生年金保険　被保険者資格取得届」
提出先	所轄の年金事務所
提出期限	加入すべき要件を満たした日から5日以内
相談窓口	最寄りの年金事務所

日本年金機構のホームページはここ！

日本年金機構　申請・届出様式  検索

※申請書の一覧が見つかります。

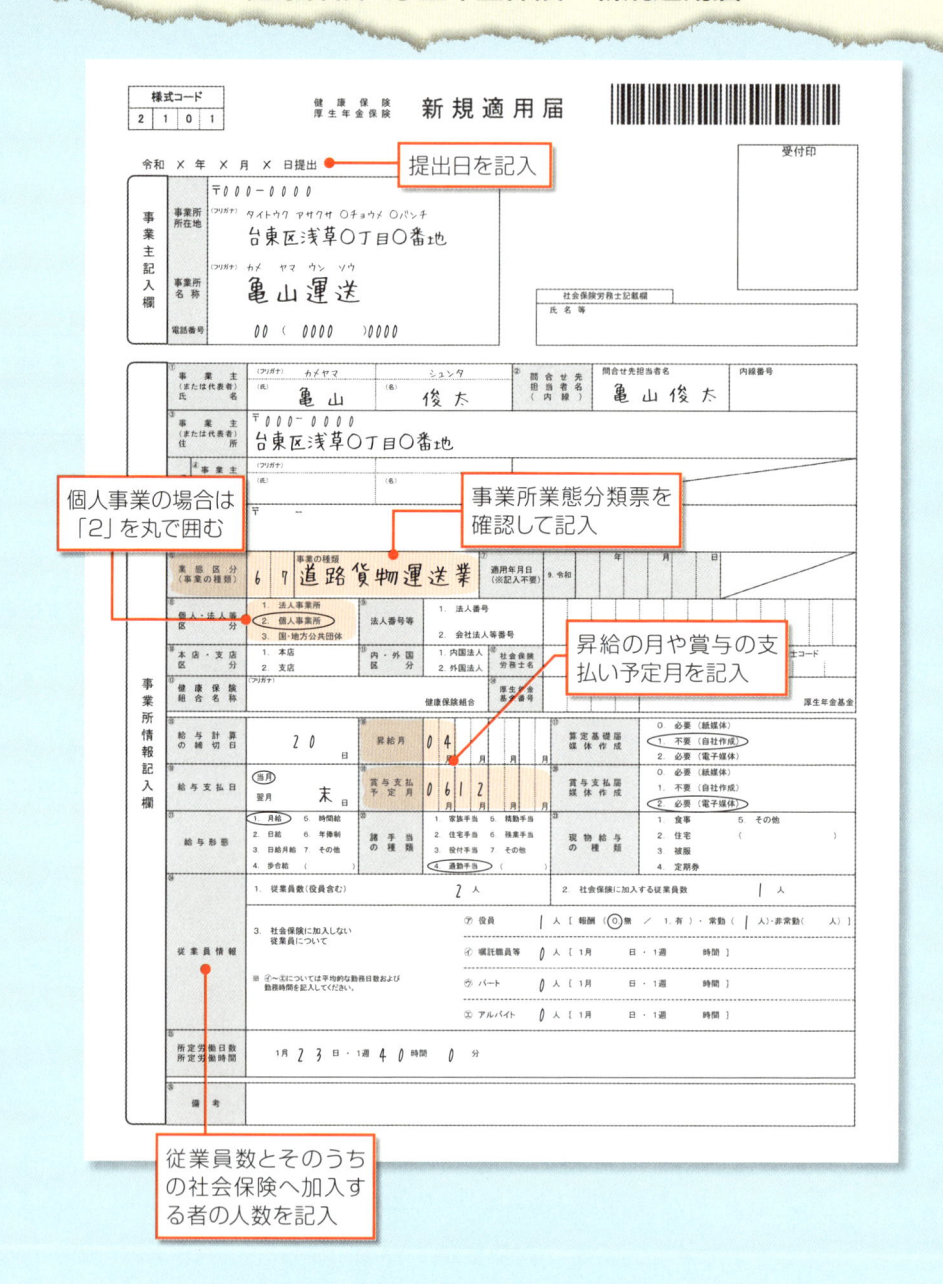

健康保険 厚生年金保険　**新規適用届**

様式コード 2 1 0 1

令和 ✕ 年 ✕ 月 ✕ 日提出 → **提出日を記入**

受付印

事業主記入欄

事業所所在地　〒000-0000
（フリガナ）タイトウク アサクサ ○チョウメ ○バンチ
台東区浅草○丁目○番地

事業所名称　（フリガナ）カメ ヤマ ウン ソウ
亀山運送

電話番号　00（0000）0000

社会保険労務士記載欄　氏名等

事業所情報記入欄

事業主（または代表者）氏名　（フリガナ）カメヤマ　亀山　（フリガナ）シュンタ　俊太

問合せ先担当者氏名　亀山俊太　内線番号

事業主（または代表者）住所　〒000-0000　台東区浅草○丁目○番地

事業主（氏）（名）

〒

→ **個人事業の場合は「2」を丸で囲む**

→ **事業所業態分類票を確認して記入**

業態区分（事業の種類）　6 7　事業の種類　道路貨物運送業

適用年月日（※記入不要）9.令和　年　月　日

個人・法人等区分　1. 法人事業所　②個人事業所　③国・地方公共団体
法人番号等　法人番号　会社法人等番号　社会保険労務士名

本店・支店区分　1. 本店　2. 支店　内・外国区分　1. 内国法人　2. 外国法人

健康保険組合名称　（フリガナ）健康保険組合　厚生年金基金　厚生年金基金

→ **昇給の月や賞与の支払い予定月を記入**

給与計算の締切日　2 0

昇給月　0 4　月　月　算定基礎届媒体作成　0. 必要（紙媒体）①不要（自社作成）2. 必要（電子媒体）

給与支払日　当月・翌月　末　日　賞与支払予定月　0 6 1 2　月　月　賞与支払届媒体作成　0. 必要（紙媒体）1. 不要（自社作成）②必要（電子媒体）

給与形態　1. 月給　6. 時間給　2. 週給　7. 日給制　3. 日給月給　7. その他　4. 歩合給　諸手当の種類　1. 家族手当　2. 住宅手当　3. 付加手当　④通勤手当　5. 精勤手当　6. 残業手当　7. その他　現物給与の種類　1. 食事　5. その他　2. 住宅（）3. 被服　4. 定期券

従業員数（役員含む）　2 人　社会保険に加入する従業員数　1 人

従業員情報　社会保険に加入しない従業員について　㋐～㋔については平均的な勤務日数および勤務時間を記入してください。

㋐ 役員　1 人 [報酬（○無／1. 有 ）・常勤（1 人）・非常勤（　人）]
㋑ 嘱託職員等　0 人 [1月　日・1週　時間]
㋒ パート　0 人 [1月　日・1週　時間]
㋓ アルバイト　0 人 [1月　日・1週　時間]

所定労働日数所定労働時間　1月 2 3 日・1週 4 0 時間 0 分

備考

→ **従業員数とそのうちの社会保険へ加入する者の人数を記入**

健康保険・厚生年金保険　被保険者資格取得届

事業所整理記号と事業所番号は、新規適用時に年金事務所から付与される

被保険者の個人番号、または年金手帳に記載された基礎年金番号を記入

取得年月日には、働き始めた日を記入

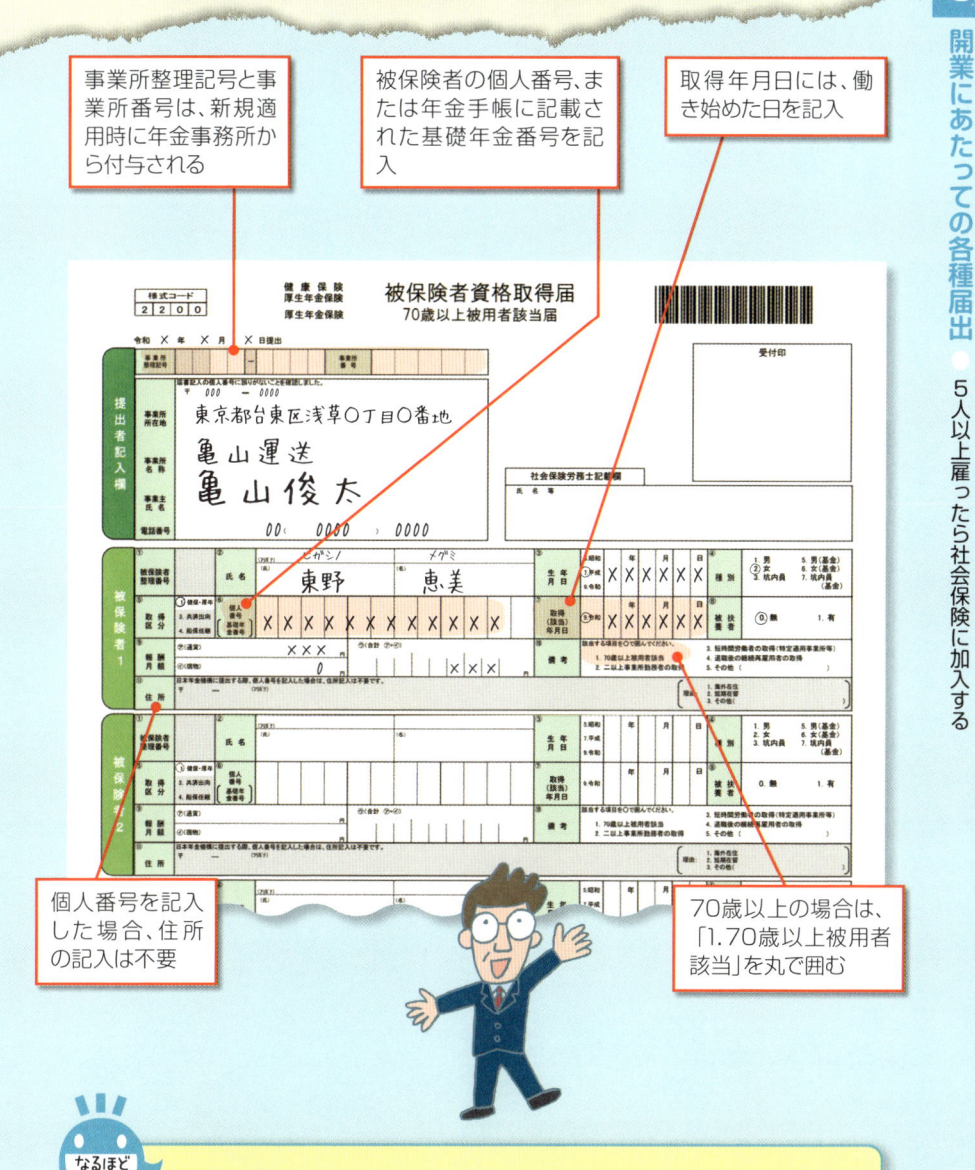

個人番号を記入した場合、住所の記入は不要

70歳以上の場合は、「1.70歳以上被用者該当」を丸で囲む

なるほどなっとく！

個人事業者は国民年金に加入する

健康保険と厚生年金保険に加入できるのは従業員だけです。個人事業者は、「国民健康保険」と「国民年金」に加入することになります（**064**ページ）。

人を雇うときのルール

アルバイトやパートなどを雇ったら、労働契約（雇用契約）を結んで、労働条件を明らかにします。合意した事項は、口約束だけではなく、きちんと書面に残して確認しておきましょう。

労働契約を結んで約束ごとを明らかにしておく

　労働契約とは、事業主と従業員が交わす、仕事上の約束ごとです。

　労働契約に盛り込むべき内容は、仕事の内容、始業と終業の時刻、残業の有無、休憩時間、休日・休暇、勤務のローテーションなどで、賃金をどのように支払うのかといった決まりごと（計算と支払いの方法、締切りと支払いの時期など）も明らかにします。

労働契約を結ぶときに盛り込んではいけないこと

　労働法では、労働契約を結ぶときに、事業主が契約に盛り込んではならないことも定められています。

1）従業員が労働契約に違反した場合に違約金を支払わせることや、たとえば「お店の備品を壊したら1万円」などと罰金をあらかじめ決めておくこと。

2）働くことを条件としてお金を前貸しし、毎月の給料から天引きする形で返済させること。

3）社員旅行費などの名目で賃金の一部を強制的に積み立てさせること（従業員の意思に基づいて、社内預金制度などがある場合は除く）。

> これらはすべて従業員の立場が悪くならないようにするための取り決めです。

経理と確定申告のキホン

経理はなぜ必要なのか？

経理の目的は、事業活動におけるお金の出入りを管理して、税金の額を計算することです。また、経理によって得た数値によって、事業の "もうけ" を確かめ、それをもとにして業績をプラスの方向に導くことができます。

個人事業者も税金を納めなければならない

国民の義務の一つに、税金を納めることがあります。もちろん、個人事業者も税金を納めなければなりません（個人事業者が納める税金については066ページ参照）。

経理とは日々の取引を記録し、入出金などを管理することです。年度末になったら、日々の取引を記録した帳簿をもとにして、一定期間の利益や経営状態を表す決算書を作成します。

事業では、この決算書をベースにして税額を計算するのです。

お金がからむ、商品やサービスのやりとりのことを「取引」といいます。

しっかりとおぼえておかなきゃ！

ここが肝心！

経理の目的は、納税額を計算し、業績をプラスの方向に導くこと

事業の "もうけ" を正確に把握する

　経理の仕事とは、カンタンにいえば、入ってくるお金や出ていくお金を記録することです。

　たとえば、商品が売れたことを表す「売上」、そのときに受け取る「現金」、商品や原材料の「仕入」をはじめ、お店や事務所の家賃、電気代や水道代、アルバイトやパートに支払う給与などなど……、これらが事業の成績としてお金という客観的な数字で表されます。

　こうした日々の取引を記録することで、事業の "もうけ" が正確にわかるのです。

出ていったお金

送った

仕入れた

入ってきたお金

なるほどなっとく！ データを分析し、業績をプラスの方向に導く

データをもとにして、経営状態を見つめ直し、今後の対策を考えることを「経営分析」といいます。個人事業者は、この結果を見て、経営上のよかった点や悪かった点を発見し、業績をプラスの方向に導くための対策を立てることができます。

売上を得るために必要な費用とは？

経理の仕事について理解する前に、売上や利益に関係した大切なキーワードを押さえておきましょう。仕入と必要経費は、売上を得るために必要な費用のこと。事業の利益は、売上から、仕入と必要経費を引いて求めることができます。

売上から仕入と必要経費を引いて利益を求める

事業の利益は、売上から、仕入と必要経費を差し引いたものです。

仕入も必要経費も、売上を得るために必要な費用です。

販売するために購入した商品や原材料など、売上に直接関係する費用のことを**仕入**といい、仕入以外の費用、たとえば店舗や事務所の家賃、電気・ガス・水道の利用料金、交通費、消耗品の購入費、従業員の給与などを**必要経費**（単に「経費」ということもあります）といいます。

なお、個人事業者が納める所得税などの税金は、1年間の総売上から仕入や必要経費を差し引いた金額（事業の利益）に、税率をかけて計算されます（税額の計算については**148**ページ参照）。

売上 － 仕入 － 必要経費 ＝ 事業の利益

この金額をベースに
税金が計算される

なるほど
なっとく！

先にお金が出ていき、後で利益を回収する

事業の利益は、先に投資をしてから後で回収するものとして考えます。たとえば、小売店では販売するための商品を購入してそれをお客さんに買ってもらい、飲食店では仕入れた食材などを調理してお客さんに提供します。仕入以外の費用も同様で、仕事のために使う事務机やパソコンなどは、売上や利益を得るために先に投資するものであると考えます。

必要経費として認められるおもな費用

<u>必要経費とは、売上を上げるために必要な費用</u>のことです。

税務上、必要経費が認められるかどうかの基準は、"仕事に必要かどうか"です。

必要経費として認められている例をいくつか紹介します。

・**仕事に必要な機材や消耗品**

パソコンや周辺機器、パソコンソフト、文房具、コピー用紙、仕事机やイスなど。ただし、10万円以上のものは固定資産として扱われ、使用する期間によって1年分の減価償却費 (076ページ) が必要経費となります。

・**事務所の家賃、公共料金、電話代など**

お店や事務所を借りるための家賃、ガス・水道・電気の利用料金、電話代、インターネット接続費など。

・**仕事で外出する際の交通費**

営業や打ち合わせ、仕入の買い出しなどのために外出した際の交通費。

・**接待や打ち合わせをかねた飲食代**

取引先の担当者や仕事仲間を招いた接待や、仕事の打ち合わせをしながらの飲食代。もちろん、仕事とは関係のない、家族や友人との飲食費は、必要経費として認められません。

ここが肝心!

事業の利益は、売上から、仕入と必要経費を引いて求める

複式簿記と簡易式簿記

日々の取引は、「複式簿記」あるいは「簡易式簿記」という方法で帳簿に記入します。このうち複式簿記での記入を選ぶことで、55万円の特別控除など、税法上有利な青色申告の各種特典（074ページ）が受けられるようになります。

複式簿記は複雑だけど、いろいろなことがわかる

　55万円の青色申告特別控除を受けるには、日々の取引を複式簿記という方法で帳簿に記録し、損益計算書と貸借対照表の両方を提出する必要があります。

　損益計算書とは、1年間にどれだけの“もうけ”があったかを示すものです。これを見ることで、何にいくら使ったかのかもわかります。

　貸借対照表とは、1年間の事業活動を終えた時点で、どれだけの財産がいくらあるのかを示したもので、プラスの資産（現金や売掛金など：112ページ）や、マイナスの資産（借入金や買掛金など：112ページ）がわかります。

　これらを使って経営状態を分析すれば、今後の経営計画を立てることができます。

> たいへんかもしれないけど先のことを考えると今後の計画も立てやすいわね。

簡易式簿記はカンタンに作成できる

　複式簿記よりもカンタンな方法として、簡易式簿記を使った帳簿記入があります。簡易式簿記を選択した場合、控除額は10万円になりますが、家計簿やこづかい帳をつけるような感覚で、誰でもカンタンに記帳することができます。

　簡易式簿記では、損益計算書を作成しなければなりませんが、貸借対照表の提出は求められません。

■■ 複式簿記と簡易式簿記の違い

	複式簿記の場合	簡易式簿記の場合
おもな帳簿	・仕訳帳（または伝票） ・総勘定元帳　・現金出納帳 ・売掛帳　・買掛帳 など	・現金出納帳　・経費帳 ・売掛帳　・買掛帳　・預金出納帳 ・固定資産台帳 など
決算書	・貸借対照表と損益計算書	・損益計算書
控除額	55万円	10万円

※複式簿記で記帳し、さらに電子申告を行えば最高65万円控除が受けられる（075ページ参照）。
※おもな帳簿については114ページ参照。

青色申告を希望する人は、開業の際に〈所得税の青色申告承認申請手続〉（072ページ）を行うことも忘れずに。

ここが
肝心！

原則は複式簿記だが、簡易式簿記でも10万円の控除が受けられる

会計ソフトを使って経理処理を行う

個人事業向けの会計ソフトを利用すれば、簿記や経理の専門的な知識がなくてもカンタンに帳簿がつけられます。そのときに使われるのが、必要経費などの分類に用いられる「勘定科目」です。帳簿をつけるときのキホンなのでおぼえておきましょう。

会計ソフトは個人事業者の心強い味方

青色申告で55万円の特別控除を受けるためには、複式簿記のルールにしたがって、日々の取引を帳簿に記入しなければなりません。

このとき、**パソコンの会計ソフトを使えば、比較的カンタンに、複雑な帳簿への記入を済ませることができます。**

また、会計ソフトを使えば、確定申告に必要な添付書類（損益計算書、貸借対照表、月別売上金額の一覧表、減価償却費などの計算書）も自動的に作成できるので、税理士に頼んだりする費用も節約することができます。

会計ソフトには、パッケージやダウンロードで購入し特定のパソコンで利用する**インストール型**や、インストールが不要でスマホやタブレット端末などでも利用できる**クラウド型**があるので、自分に合った使い勝手がいいものを選びましょう。

> さまざまなソフトが市販されています。無料体験版などを試して自分に合ったソフトを見つけてください。

ここが肝心！

個人事業向けの会計ソフトを利用すれば、経理がラクになる

最低限おぼえておきたい勘定科目

　会計ソフトがあるとはいえ、それを使いこなすためには帳簿をつけるときのキホンを知っておかなければなりません。

　最初におぼえておきたいのは、勘定科目です。勘定科目とは、受け取るお金や支払うお金、もっている資産などを取引ごとにグループ分けしたもの。会計ソフトを使った経理では、勘定科目と金額、支払先や受取先などを、取引が発生した日付とともに入力していきます。

■■ おぼえておきたい勘定科目

勘定科目	内　容
現金	紙幣や硬貨などの通貨。他人が振り出した小切手など
預金	銀行などの金融機関に預け入れているお金
売掛金	商品を先に納入し、後で銀行振込をしてもらうときなどに使われる
備品	パソコンやレジなど、使用可能期間が1年以上で、取得価額が10万円以上のもの
買掛金	商品を先に受け取り、後で代金を支払うときなどに使われる
借入金	金融機関などから借りたお金
売上	本業の商品の販売やサービスの提供によってお客さんから受け取る収益
仕入	販売目的の商品や原材料を購入したときの費用
給与	従業員に支払われる給料や諸手当
旅費交通費	通勤や業務遂行のために必要な交通費など
通信費	電話料金や郵便切手代、宅配便、バイク便など、通信にかかった費用
会議費	社内外で行われる会議や打ち合わせに関連した費用
接待交際費	得意先との接待や贈答などにかかる費用
新聞図書費	業務上必要とされる新聞代、書籍購入代、雑誌購読料など
消耗品費	事務用品など、使用可能期間が1年未満、もしくは取得価額が10万円未満のもの
水道光熱費	ガス、水道、電気などの使用料金
広告宣伝費	不特定多数の人に対する広告や宣伝にかかる費用
地代家賃	建物の賃借料
車両費	ガソリン代、自動車保険料など、自動車の維持管理にかかる費用
雑費	他のどの勘定科目にも当てはまらない、一時的な少額の費用

帳簿についての基礎知識

会計ソフトを使えば、勘定科目や金額などを入力するだけで、納税や経営分析に必要なさまざまな帳簿や損益計算書、貸借対照表などが自動的につくられます。ここでは、総勘定元帳をはじめとする、おもな帳簿とその役割について紹介します。

経理処理で使われるおもな帳簿

経理処理で使われる帳簿は、**主要簿**と**補助簿**に大別されます。

主要簿とは、1年間の経営成績や財務状況をまとめる**決算**のための書類を作成するのに欠かせない大切な帳簿です。具体的には総勘定元帳と仕訳帳のことをさします。補助簿は、特定の取引を詳細に記録した帳簿で、主要簿の情報を補完する目的で作成されます。

仕訳帳は、総勘定元帳を作成するための帳簿。仕訳帳をもとにして、すべての取引を勘定科目別にまとめたものが総勘定元帳です。

なるほどなっとく！

帳簿は取引があったことの証明にもなる

確定申告が終わった後も、帳簿はある一定期間（保存期間と対象は法律によって異なります）、保存しなければなりません。申告した内容に誤りがないか、税務署に確認を求められることがあるからです。同様に、領収書や請求書など、現金や預金の入出金の証拠となる書類にも、一定期間の保存義務があります。

主要簿

・**総勘定元帳**（そうかんじょうもとちょう）
　すべての取引を勘定科目ごとに、発生順（日付順）に記録した帳簿。
・**仕訳帳**（しわけちょう）
　すべての取引を発生順（日付順）に記録した帳簿。

おもな補助簿

・**現金出納帳**（げんきんすいとうちょう）
　現金に関する取引について、収入・支出の金額と内容を詳細に記録し、残高を明らかにした帳簿。
・**預金出納帳**（よきんすいとうちょう）
　預金の預入・引出の金額と内容を詳細に記録し、残高を明らかにした帳簿。
・**売上帳**（うりあげちょう）
　商品やサービスの売上取引について、金額と内容を詳細に記録した帳簿。
・**売掛帳**（うりかけちょう）
　売掛金を管理するために、得意先ごとの売掛金の増減を記録し、残高を明らかにした帳簿。
・**買掛帳**（かいかけちょう）
　買掛金を管理するために、仕入先ごとの買掛金の増減を記録し、残高を明らかにした帳簿。
・**経費帳**（けいひちょう）
　給与、旅費交通費、通信費、消耗品費、地代家賃などの必要経費を記録した帳簿。
・**固定資産台帳**（こていしさんだいちょう）
　固定資産（076ページ）を管理するために、取得日、取得価額、減価償却費などを記録した帳簿。

ここが肝心！

総勘定元帳と仕訳帳には、すべての取引を記録する

補助簿は必要に応じて作成します。どんな帳簿を使うかは、業種によっても変わります。

伝票を使って記入する方法

日々の取引は、発生順（日付順）に仕訳帳に記録していくのが基本ですが、利用する会計ソフトによっては、「入金伝票」「出金伝票」「振替伝票」という3つの伝票を使って入力できるものもあります。

仕訳帳の代わりに用いられる3種類の伝票

　伝票とは、すべての取引を記録したものです。伝票は仕訳帳の代わりに用いられ、1枚の伝票に1つの取引が記録されるのが特徴です。

　3伝票制では、すべての取引を現金の出入りをともなう現金取引と、現金の出入りをともなわない振替取引に分類し、さらに現金取引を入金取引と出金取引に分けて処理します。

　使われる伝票は3種類。入金取引は入金伝票、出金取引は出金伝票、振替取引は振替伝票に記入します。

> 出金伝票は、会社員時代に経理精算で使ったことがあるのでわかりやすいぞ！

なるほど なっとく！

借方と貸方ってなんだ？

複式簿記では、一つの取引を借方と貸方に記録します。取引の内容は勘定科目（112ページ）で表され、その増減が借方か貸方のいずれかに記入されます。

入金伝票　〜現金が入ってきたときの取引

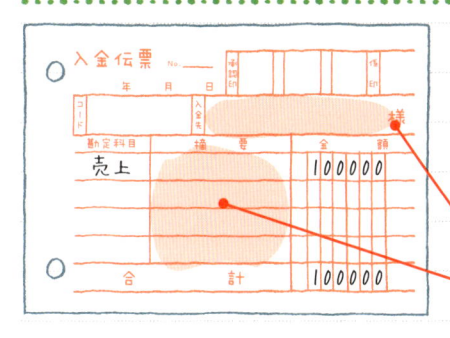

勘定科目の欄には、「売上」など入金の理由にあたる勘定科目が入ります。たとえば、商品10万円を販売して、その代金を現金で受け取った場合は、左のように記入します。

入金先の欄には、相手（取引先）の名前。摘要の欄には、取引の内容を具体的に記入

出金伝票　〜現金が出ていったときの取引

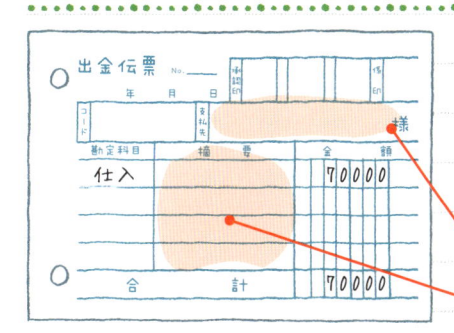

勘定科目の欄には、「仕入」や「消耗品費」など出金の理由にあたる勘定科目が入ります。たとえば、商品7万円を仕入れて、その代金を現金で支払った場合は、左のように記入します。

支払先の欄には、相手（取引先）の名前。摘要の欄には、取引の内容を具体的に記入

振替伝票　〜現金の出入りをともなわない取引

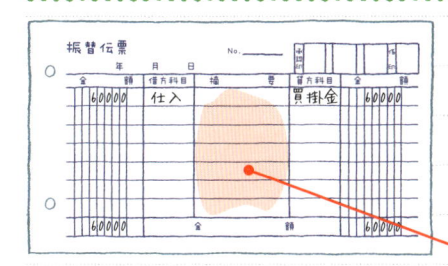

左右の欄には、複式簿記の記入ルールにしたがって、借方と貸方の勘定科目と金額が入ります。たとえば、商品6万円を掛けで仕入れた場合は、左のように記入します。

摘要欄には、相手（取引先）の名前や取引内容を具体的に記入

個人事業用の預金口座をつくる

個人事業におけるお金の管理でもっとも大切なのは、事業とプライベートのお金をはっきり区別するということ。個人事業用の預金口座をつくって、事業に関するお金の出入りを一つの通帳に記録しておけば、お金の管理がしやすくなります。

事業に関するお金の出入りを一つの口座にまとめる

　個人事業を立ち上げたら、事業のための預金口座をつくりましょう。個人事業用の預金口座を開設することで、"事業のお金"と"プライベートのお金"を区別できます。

　口座を開設したら、最初に開業資金を入金し、以後、事業に関する入金と出金はすべてこの口座で行います。取引先からの振り込みや現金収入を入金し、事務所の家賃や水道光熱費、従業員の給与などをここから振り込めば、預金通帳を見るだけで、事業の収支を手軽に把握することができます。

　一方、プライベートのお金を管理する個人用口座には、月に一度だけまとまった生活費を入金して、それ以外は事業用の口座とのやりとりを行わないようにしましょう。なお、個人事業者が自分で使う生活費は、給与ではないので、必要経費にはなりません。

そっか！
仕事用の口座を
つくらなきゃ！

個人事業用の預金口座で、個人の買い物をしてはいけません！

ここが
肝心！

個人事業用の預金口座をつくって、事業とプライベートのお金を区別する

口座名義は、屋号付きにすることもできる

　個人事業の口座名義は、個人名の他、屋号付きにすることもできます。屋号付きの場合、口座名義は「屋号＋個人名」となりますが、屋号名だけでも振り込みは可能です。

　屋号付きの口座を開設する際は、個人事業が開設されたことが証明できる書類（事務所の賃貸契約書や個人事業の開業届書〔税務署の収受印があるもの〕など。確認書類は銀行によって異なります）を銀行の窓口に持参しましょう。

屋号だ！

新星雑貨
SHINSEI ZAKKA

口座名義を屋号にすれば、事業者としての自覚が芽生えて、気持ちが引き締まります。

なるほどなっとく！

銀行に行かなくても決済や残高照会ができる

インターネットバンキング（オンラインバンキング）は、パソコンを使ってインターネット経由で受けられる銀行取引のサービスです。銀行のウェブサイトにアクセスすることで、銀行に足を運ばなくても決済や残高照会ができます。

締め日や支払日を決める

得意先がある場合は、請求書の締め日や支払日、支払方法をあらかじめ決めておく必要があります。締め日とは、期間の取引の集計をする期日のこと。期間中の取引は、後でまとめて精算します。締め日と支払日は、事業者が任意に設定することができます。

現金取引と掛取引

　小売店のように一般的なお客さんを相手にした商売では、商品の受け渡しと代金の引き換えが同時に行われますが、企業相手やお店同士の取引では、支払いに現金が使われるとは限りません。同じ相手との継続した取引では、経理業務の効率化をはかるため、1か月分の取引を後でまとめて精算するしくみもとられます。

　商品やサービスの提供と同時に代金の受け渡しを行う取引を現金取引、商品やサービスを先に提供し、後でまとめて精算する取引を掛取引といいます。

掛取引とは、いわゆるツケ払いのことですね。

4月2日 仕入
4月15日 仕入
4月8日 仕入

まとめて末日払い

なるほどなっとく！

小切手で支払いを受けたらどうする？

小切手を受け取ったら、振出日から起算して10日以内に銀行に持参にし、現金にかえてもらいましょう。なお、小切手はすぐに現金にかえられる通貨代用証券なので、勘定科目（113ページ）では「現金」の扱いになります。

締め日を設定して1か月分の取引をまとめる

　掛取引では、毎月の売上や仕入が、あらかじめ任意に設定した期間で集計されます。集計期間の最終日を**締め日**、その期間に行われた取引を集計することを**締める**といいます。

　たとえば、「月末締めの翌25日払い」では、月末に掛けで売った代金を集計して、翌月のはじめに請求書を発行して相手に送付。翌月の25日に支払いを受けます。

■■ 例）「月末締めの翌25日払い」の場合

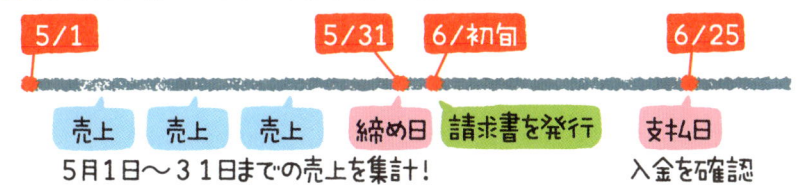

請求書を送って代金の支払いを求める

　商品やサービスを提供したら、**請求書**を作成して相手に送り、代金の支払いを求めます。

　請求書に明記するのは、取引先の会社名、請求日（発行日）、請求金額、取引の内容（品名、数量、単価）など。初めて取引をする相手には、振込先も忘れずに示します。

　請求書を受け取った側は、金額と内容を確認し、事前に約束した支払日までに、決められた支払方法で代金を支払います。

フリーランスに対して発注事業者は、納品日から60日以内に報酬を支払わなければならないというルールがあります。

ここが肝心！

請求書の締め日や支払日、支払方法を決めておく

領収書を発行する

領収書は、代金を受け取ったことを証明する書類です。支払いが済んでいる証拠にもなるので、一定のルールにしたがって発行しなければなりません。また、受け取った領収書は、経費などとしてお金を使った証拠になるので、大切に保管しておきましょう。

領収書は、代金の受領を証明する大切な書類

領収書は、商品やサービスの代金を確実に支払ったことを証明するための書類です。反対に、お金を受け取った側にとっては、商品やサービスの対価としてお金を受け取ったことを証明する書類として使われます。

また、領収書は、売上額の証明や、必要経費の根拠にもなる書類です。記載が不十分だと、受け取った側が必要経費として計上できなくなる場合もあるので、基本的な記入方法をしっかり頭に入れておきましょう。

必要経費や税金にも関係する領収書は、個人事業者にとって重要な書類なんです。

お金のやりとりと領収書は切っても切れない仲なのね

なるほどなっとく！ あて名の会社名は、正式名称を記入する

領収書のあて名は、正確に書くことを心がけましょう。相手が会社の場合は、「株式会社」などの表記を「（株）」と略さずに、正式名称を書きます。名刺などを見せてもらって確認すると、記入ミスがなくなります。

■■ 領収書発行のルール

但し書き
どんな商品やサービスに対する支払いなのかがわかるように、取引の内容を明記。「品代として」という表記では、正式な領収書として認められない場合がある。

あて名
あて名が空欄だったり「上様」になっていると、正式な領収書として認められない場合があるので注意が必要。

金額
金額の改ざんができないように、金額の前に「¥」、金額の後ろに「－（バー）」（または「※」）を入れる。3桁ごとに「,（カンマ）」をつけるのも忘れずに。

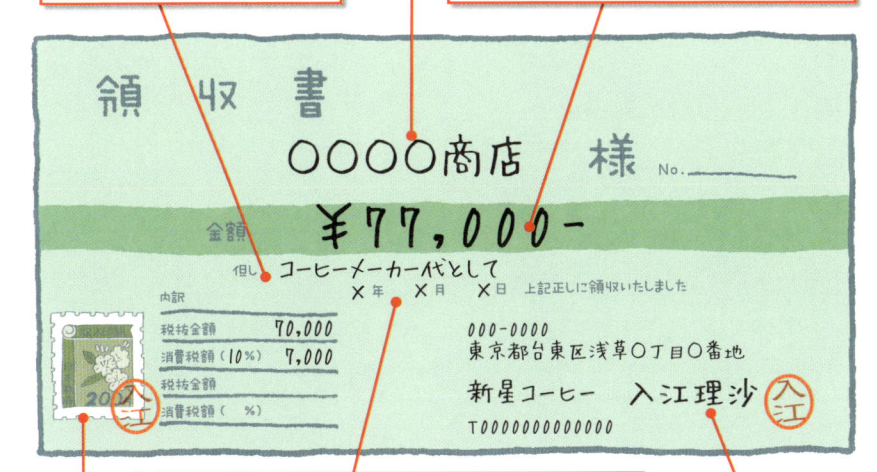

日付
日付の記載は必須。空欄にせず、領収書を発行した年月日を正確に記入する。銀行振込などで代金を受け取った場合は、入金した日付を書く。

収入印紙
金額が5万円以上の場合は、収入印紙を貼って消印を押す。消印は事業所の印でも担当者の認め印でもかまわない。

発行者の住所・氏名
領収書を発行する側の住所と事業所名（個人の場合は氏名）を記入し、押印する。課税事業者なら、登録番号を記載。

※クレジットカードで支払いを受けた場合、但し書に「クレジットカード利用」と記載すれば印紙の貼付は不要。

ここが
肝心！

領収書は、お金の支払いや受け取りの証拠となる大切な書類

オンライン取引の証憑類の保存

お金の支払いや受け取りの証拠となる証憑類（請求書や領収書など）は大切に保存しなければなりませんが、電子メールに添付された領収書や、オンライン取引の証憑類は、紙に印刷して保存するのではなく、デジタルデータのまま保存しなければならないというルールがあります。

デジタルデータでやりとりした請求書や領収書

オンライン取引の証憑類、つまりデジタルデータでやりとりした請求書や領収書は、デジタルデータとして保存しなければなりません。

たとえば、Amazonや楽天での商品購入、オンラインバンキングを利用した振り込み、クラウドサービスの契約は、オンライン上で領収書などをダウンロードする必要があります。また、メールに添付された請求書などの証憑類も、紙に印刷して保存することができないので注意が必要です。

オンライン取引で商品といっしょに送られてきた紙の領収書も、そのままでは証憑として認められません。必ずダウンロードしてデジタルデータとして保存しましょう。

オンライン取引以外の証憑類の保存

デジタルデータで保存できるのは、オンライン取引の証憑類だけではありません。現金でモノを購入したときなどにもらう紙の領収書や、オンライン取引以外の取引で郵送されてきた紙の請求書なども、スキャナーなどで読み込んでデジタルデータとして保存できます。ただし、紙の領収書をスキャナーで読み込む場合は、改ざんができないように適切なタイムスタンプの付与などの要件を満たし、修正や削除の履歴が残るクラウドドライブなどで保存・管理する必要があります。

請求書や領収書の保存のしかた

　証憑類をデジタルデータとして保存する場合は、保存したデータを表示・印刷できる機器を設置し、ファイルを整理しておきます。ファイル形式は、PDFでJPEGでもかまいません。保存後にデータを検索しやすいように、「取引年月日」「取引金額」「取引先名」をふくめたファイル名をつけておきましょう。

■■ デジタルデータで保存したファイル名のつけ方

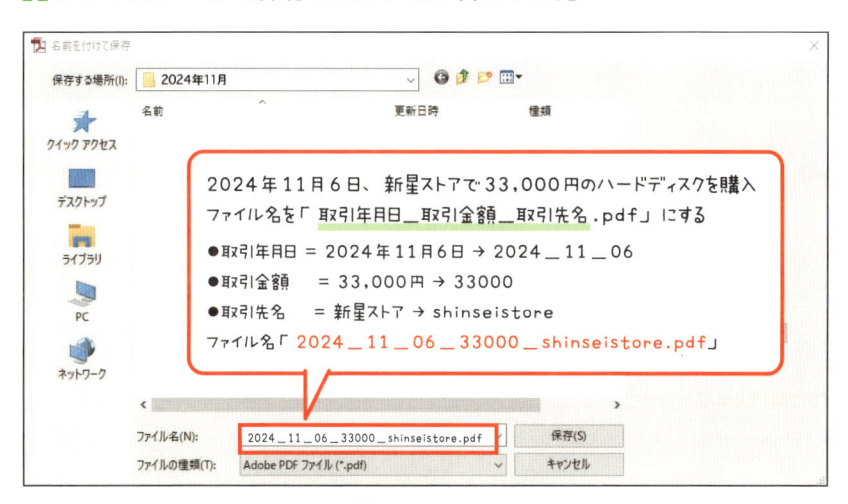

いつでもすぐデータを確認できるようにしましょう。

ここが
肝心!

オンライン取引の証憑類は必ずデジタルデータで保存する

確定申告ってなんだ？

確定申告とは、毎年1月1日から12月31日までの1年間の事業所得の金額と、それに対する所得税などの金額を計算する手続きのことです。個人事業者は、自分で事業所得の金額や税額を計算し、申告期限までに確定申告書を税務署に提出・納付しなければなりません。

1年間の"もうけ"と税額を自分で計算する

　自分で税金（所得税など）を申告し、納めるための制度を確定申告といいます。

　会社員の場合、会社が給与から天引きして納付してくれているので、基本的に確定申告の必要はありません。しかし、個人事業者は自分で"もうけ"がいくらだったかを計算し、納めるべき税金を申告する必要があります。

個人事業者は所得金額と税額を自分で計算し、「1年間にこれだけの"もうけ"があったので、今年はこれだけの税金を納めます」と税務署に報告します。

税務署

はい、こちらです

なるほどなっとく！ 確定申告書の提出期限は3月15日

確定申告書の受付は、2月16日から3月15日まで（土日にあたる場合は、次の月曜日）です。個人事業者はこの期間に、申告書などの提出を済ませ、確定申告分の税金を税務署に納めなければなりません。確定申告書を郵便で送る場合は、郵便局で押される消印が提出日になるので注意しましょう。その場合でも納税の期限は、変わりません。

収入から必要経費を差し引いて事業所得を求める

　確定申告では、1年間の売上を集計して収入を求め、そこから必要経費を差し引いて、事業所得を求めます。たとえば、収入が800万円あった場合、必要経費が500万円だとすると、事業所得は300万円になるというわけです。

　個人事業者が納める所得税などの金額は、この事業所得の金額によって決まるので、正確な申告を行うためには、日々の売上や経費などを細かく記録しておく必要があります。

> 事業所得とは、1年間の収入から必要経費を差し引いた"もうけ（利益）"のことです。

収入
（事業の総売上）
－
必要経費
＝
事業所得
（事業のもうけ）

確定申告で申告する税金の種類

　個人事業者が確定申告で申告する税金は、所得税、復興特別所得税、消費税の3つです。このうち、所得税と復興特別所得税は事業所得の金額に対してかかり、消費税は課税売上（いわゆる売上：収入）から課税仕入（いわゆる必要経費）を差し引いたものに対してかかります（ただし、消費税の納付義務は、原則として開業から2年間はありません）。

　なお、住民税（066ページ）や個人事業税（066ページ）は、所得税を税務署に申告すれば、都道府県や市区町村から納税通知書が送られてくるので、計算や申告の必要はありません。

ここが肝心！

確定申告とは、1年間の事業所得の金額と申告納税額を計算する手続き

毎日の帳簿記入から確定申告までの流れ

日々の取引を帳簿に記入する目的は、「決算書」といわれるものを作成して、1年間の経営成績や財務状況をまとめることです。決算書は、新しい年の事業計画を立てるときに役立つほか、青色申告を行う際にも役立ちます。

個人事業の区切りは1月1日〜12月31日

1年間の経営成績や財務状況をまとめることを決算といいます。

個人事業の場合、1月1日から12月31日までの区切りで決算が行われ、その期間内での取引や財産が集計されます。

ちなみに、事業の区切りの最終日（12月31日）を決算日といいます。

収入や必要経費などを計算し、決算書を完成させる

前年の1月1日（事業開始が年度の途中なら開業した日）から12月31日までの収入や必要経費などを計算したら、決算書といわれる損益計算書や貸借対照表を完成させます。

青色申告を行う人は、その結果を確定申告書と青色申告決算書（134ページ）に記入し、翌年の3月15日までに税務署に提出します。

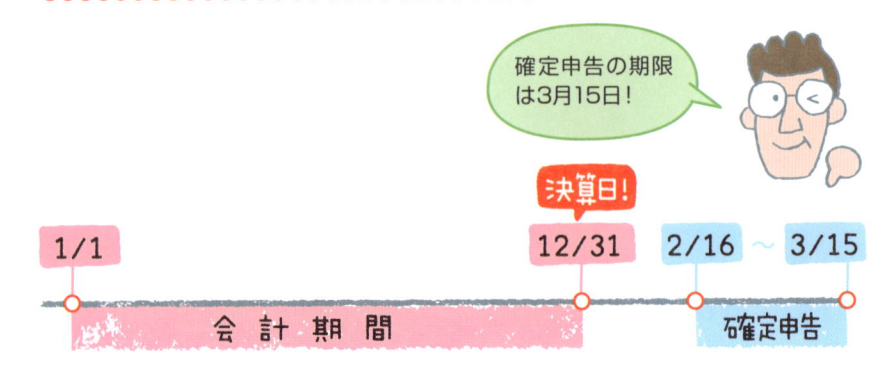

確定申告の期限は3月15日！

決算日！

1/1		12/31	2/16 〜 3/15
	会 計 期 間		確定申告

■■ 確定申告までのおもな流れ

毎月、経営状態をチェックすれば、業績をプラスの方向に導けるようになります。

取引が発生したら……

原則として毎日
- 帳簿を用意し、すべての取引を記録する
- 領収書や請求書を整理する

1か月に1度
- 月ごとに数字を集計し、帳簿に記入する
- 月ごとの財産や経営状態をチェックする

決算日（12月31日）に帳簿を締めたら……

12/31

1/1

翌年の1月初旬
- 決算整理を行って、決算書を完成させる→**130**ページ
- 前年の業績を振り返り、新たな年の事業計画を立てる

税務署から確定申告に必要な書類が届いたら……

1月末頃

1月末頃
- 支払調書（**152**ページ）、社会保険料（国民年金保険料）の控除証明書、生命保険料の控除証明書などをそろえる
- 〈青色申告決算書〉を作成する→**134**ページ
- 〈確定申告書〉を作成する→**142**ページ

申告書の受付が始まったら……

2月中旬

2月16日〜3月15日
- 税務署に〈確定申告書〉と〈青色申告決算書〉を提出する
- 所得税を納める

ここが肝心！

個人事業者のサイクルは、1月1日から12月31日までの1年間

帳簿を締めて確定申告の準備をする

決算日になったら、「決算整理」という処理を行って、帳簿を締めます。決算整理は、複式簿記の中でもとくに面倒な作業ですが、会計ソフトを利用していれば、取引を入力するだけで、必要な帳簿が整い、決算書のもととなる「試算表」という集計表も完成します。

決算整理の意味と目的を理解しよう

決算日をむかえたら、**決算整理**というやや複雑な処理を行って、決算書を作成しなければなりません。月ごとの集計だけでは、売上や仕入、必要経費が大ざっぱなため、この数字をもとにしただけでは1年の業績を正確に把握することができないからです。

業種によって中身は多少異なりますが、決算整理はおもに４つの項目について行われます。

ぼちぼち
決算日だわ！

なるほど
なっとく！

帳簿を"締める"とは？

帳簿を"締める"とは、年末や月末に、売上、仕入、必要経費などを確定して、合計金額を出すことです（120ページ）。正確な数字を出すことによって税金を正しく申告することができます。

決算整理 1 棚卸しをして、売上原価を確定する

棚卸し（**078**ページ）を行って**12月31日時点の在庫（商品の売れ残り）**を確認し、**売上原価を計算**します。

売上原価とは、"売上高（商品やサービスを提供することによって得たお金）に対する商品の仕入原価"のことです。

たとえば、1月1日時点の在庫が200,000円、当期の仕入が900,000円で、12月31日に300,000円の在庫が残っていた場合、売上原価は800,000円となります。

> 年末に棚卸しをして、売れ残った在庫商品の数量を確認しましょう。

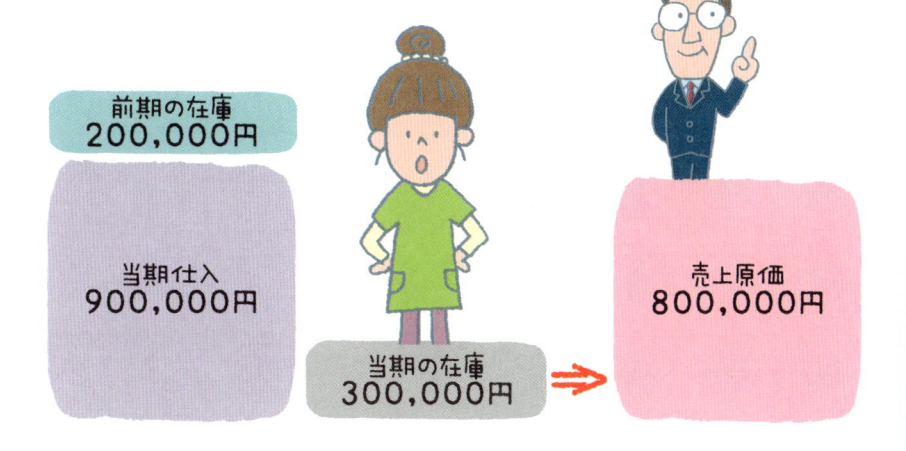

・**期首商品棚卸高**

　1月1日に在庫として残っていた商品（当期よりも前に仕入れた商品）

・**当期仕入高**

　当期（1月1日〜12月31日）に仕入れた商品

・**期末商品棚卸高**

　12月31日に在庫として残っていた商品（棚卸しによって確定した商品）

取引先が倒産するなどして、売掛金（まだ受け取っていない売上金）や貸付金（貸したお金）が回収できなくなることを**貸倒れ**といいます。

貸倒れの可能性があるときは、回収できなくなりそうな金額を見積もって、「貸倒引当金」という勘定科目で費用に計上することができます。

回収できなくなりそうなお金を費用として計上できるのは、青色申告者の特典。貸倒れになる前に費用として処理し、正確な数字に近づけましょう。

減価償却とは、使うほどに価値が下がっていく**固定資産**について、法律で定められた使用可能期間に応じて、帳簿上の価値を少しずつ減らしていく手続きのことです（**076**ページ）。

決算日をむかえたら、1年分の減価償却費を計算して、費用として計上しましょう。

ただし、青色申告者には、30万未満で購入した機械などについて、年間300万円まで取得した年にすべてを必要経費として費用に計上できるという特典があります。

使用可能期間が1年以上で、取得金額が10万円以上のものを「固定資産」というんですね。

また、10万円以上20万円未満の固定資産を3年間、毎年3分の1ずつの金額を費用にする方法で処理することもできます。30万円未満の固定資産を一括で費用処理したときは、償却資産（**155**ページ）の扱いになり固定資産税の対象となりますが、3年間かけて処理したときは固定資産税の対象から外れます。

決算整理 4 当期分の収益と費用を正しく計算する

決算では、当期の決算書に組み込む収益や費用を、正しく計算する必要があります。実際は翌期の収益や費用であるべきものが当期に計上されたり、逆に実際は当期の収益や費用であるべきものが計上されていない場合があるからです。

決算整理を行うことで、当期の収益と費用が確定します。

■■ 決算整理のルール

当期に計上されるべき収益を、翌年に受け取る場合

翌年に受け取る金額を、当期の収益として計上する

翌年に計上されるべき収益を、当期に受け取っている場合

すでに受け取っている金額を、当期の収益からのぞく

当期 / **翌年**

当期に計上されるべき費用を、翌年に支払う場合

翌年に支払う金額を、当期の費用として計上する

翌年に計上されるべき費用を、当期に支払っている場合

すでに支払っている金額を、当期の費用からのぞく

ここが肝心！

決算日になったら決算整理を行って帳簿を締める

※収益とは、本業での収入である売上や本業以外の収入のことです。

２・３枚目の内訳表を記入する

損益計算書とは、売上、仕入、経費の合計から利益を算定する書類です。〈青色申告決算書〉の損益計算書を作成することによって、1年間の事業成績、つまり1年間にどれだけの"もうけ"があったかが具体的な数字で表されます。

売上や仕入、給与、減価償却費の内訳を記入する

確定申告書とともに、税務署へ提出する〈青色申告決算書〉は、4枚構成になっています。

1枚目の〈損益計算書〉を作成する前に、2・3枚目の内訳表の記入を済ませておきましょう。

ここでのおもな記入事項は、〈月別売上（収入）金額及び仕入金額〉〈給料賃金の内訳〉〈専従者給与の内訳〉〈青色申告特別控除額の計算〉〈減価償却費の計算〉〈地代家賃の内訳〉などです。

1枚目

2枚目

3枚目

4枚目

〈青色申告決算書〉の1枚目は〈損益計算書〉、2枚目と3枚目は損益計算書を作成するもととなる内訳表、4枚目は〈貸借対照表〉になっています。

必要な書類は1月末頃に送られてくる

　開業の際、所轄の税務署に「**個人事業の開業・廃業等届出書**」（070ペー ジ）を提出していれば、翌年の1月末頃、確定申告に必要な〈確定申告 書〉が届きます（電子申告［143ページ］の場合は納付書のみ送られてきま す）。

　また、「**所得税の青色申告承認申請書**」（072ページ）を提出した人には、 〈青色申告決算書〉も送られてきます。

　なお、これらの書類は国税庁のホームページからダウンロードすること も可能。確定申告書用紙の送付に代えて、お知らせのはがきや封書が届く 場合もあります。

これは便利！

税務署

はい、どうぞ！

青色申告決算書が ほしいのですが…

青色申告 決算書

ここが 肝心！

まずは〈青色申告決算書〉の 内訳表を記入する

国税庁のホームページはここ！

国税庁　所得税の確定申告　検索

※〈確定申告書〉や〈青色申告決算書〉がダウンロードできます。

〈青色申告決算書〉の2枚目

従業員に支払った給与や、給与から差し引かれた源泉徴収税額を記入する。〈延べ従事月数〉とは、従事月数の合計

〈青色事業専従者給与に関する届出書〉（080ページ）を提出している場合は、〈専従者給与の内訳〉も記入する

帳簿を見て、売上と仕入の金額を月ごとに記入し、合計額も記入する

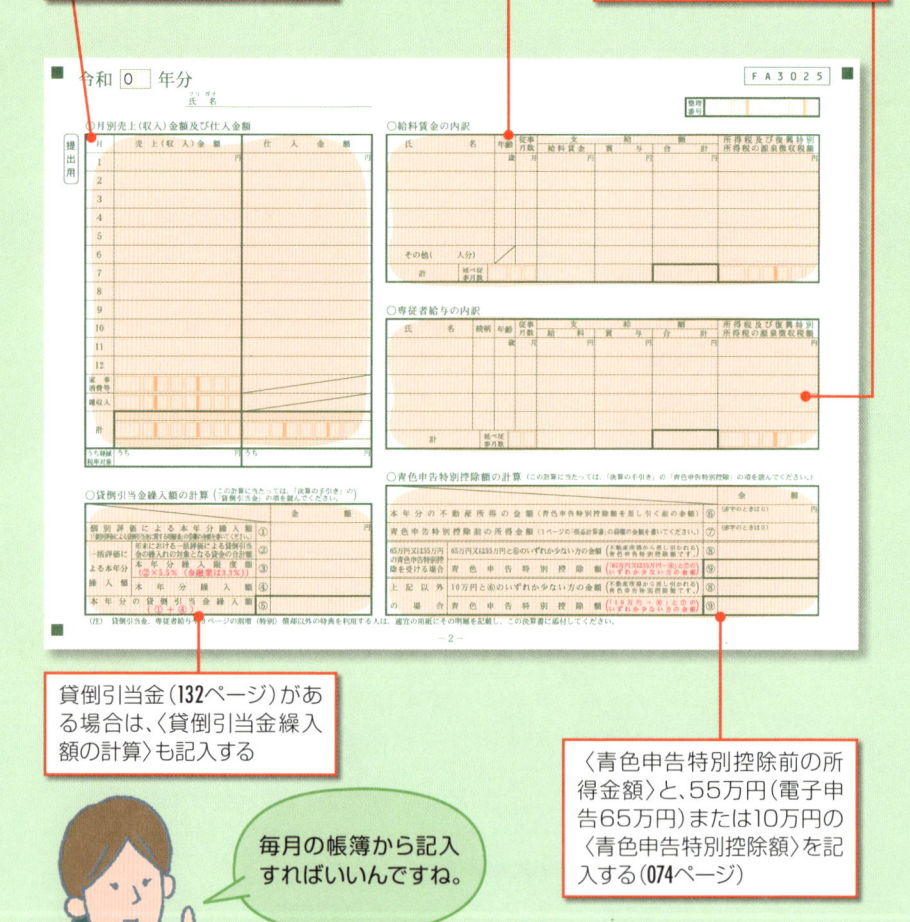

貸倒引当金（132ページ）がある場合は、〈貸倒引当金繰入額の計算〉も記入する

〈青色申告特別控除前の所得金額〉と、55万円（電子申告65万円）または10万円の〈青色申告特別控除額〉を記入する（074ページ）

毎月の帳簿から記入すればいいんですね。

〈青色申告決算書〉の3枚目

固定資産は、買った年に、一括で必要経費にはできないんです。

減価償却費を必要経費として計上する場合は、減価償却費を資産ごとに計算する（076ページ）

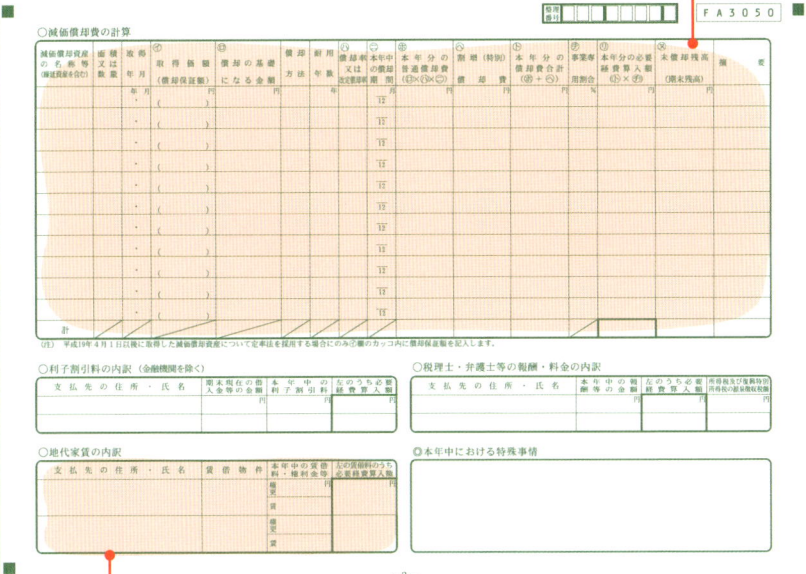

帳簿を見て、当期の賃借料やその支払先、必要経費として計上する金額を記入する

なるほどなっとく！

固定資産の使用可能期間

減価償却費は、法律に定められた使用可能期間をもとに算出されます。この使用可能期間のことを「法定耐用年数」といい、普通自動車は6年、コピー機は5年、パソコンは4年などと決められています。

損益計算書を記入する

内訳表の記入を済ませたら、それをもとにして、〈青色申告決算書〉の1枚目にある〈損益計算書〉を作成しましょう。ここでの大きな目的は、売上から、売上原価、経費、青色申告特別控除額を差し引いて、事業所得という事業の"もうけ"を明らかにすることです。

損益計算書で、1年間の"もうけ"がわかる

〈損益計算書〉によって明らかになるのは、1年間の事業成績、つまり事業所得といわれる"もうけ"です。確定申告では、この所得金額から所得控除（150ページ）を差し引いた金額に対して税金がかかるので、この損益計算書の作成は個人事業者にとってとても重要だといえます。

〈所得金額〉は、〈売上金額〉から、〈売上原価〉と〈経費〉、さらに〈青色申告特別控除額〉などを差し引いて求めます。

売上金額 ― 売上原価 ― 経費 ― 青色申告特別控除額 ＝ 所得金額

売上原価は、当期に売り上げた商品の仕入金額です。忘れてしまった人は、131ページを見てください。

〈損益計算書〉を作成して、1年目の事業成績を明らかにする

〈青色申告決算書〉の1枚目

〈売上（収入）金額〉には、2枚目の〈月別売上（収入）金額及び仕入金額〉に記入した〈売上（収入）金額〉の合計額を転記する

税務署への提出日を記入

事業所所在地が住所と同じ場合は、「同上」と記入

開業した年は、左側に開業日を記入

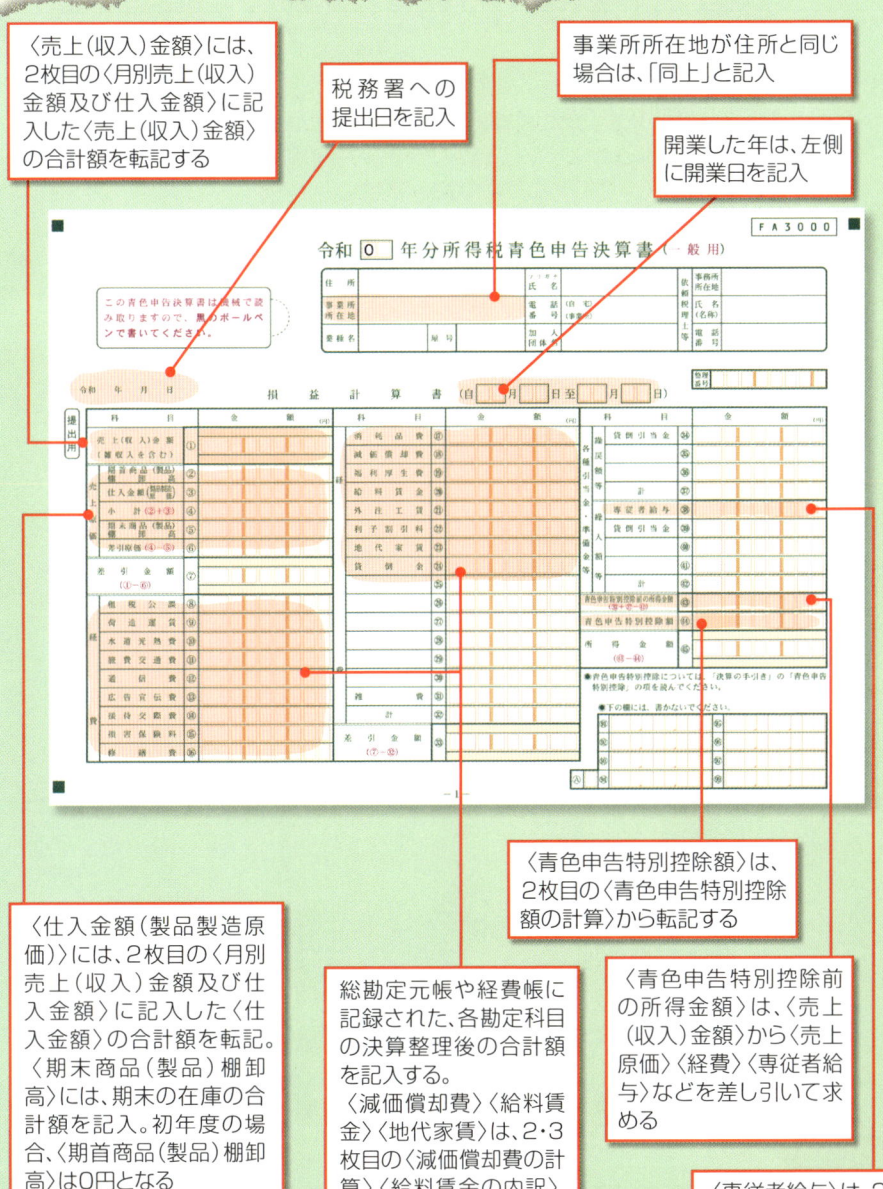

〈仕入金額（製品製造原価）〉には、2枚目の〈月別売上（収入）金額及び仕入金額〉に記入した〈仕入金額〉の合計額を転記。〈期末商品（製品）棚卸高〉には、期末の在庫の合計額を記入。初年度の場合、〈期首商品（製品）棚卸高〉は0円となる

総勘定元帳や経費帳に記録された、各勘定科目の決算整理後の合計額を記入する。〈減価償却費〉〈給料賃金〉〈地代家賃〉は、2・3枚目の〈減価償却費の計算〉〈給料賃金の内訳〉〈地代家賃の内訳〉から転記する

〈青色申告特別控除額〉は、2枚目の〈青色申告特別控除額の計算〉から転記する

〈青色申告特別控除前の所得金額〉は、〈売上（収入）金額〉から〈売上原価〉〈経費〉〈専従者給与〉などを差し引いて求める

〈専従者給与〉は、2枚目の〈専従者給与の内訳〉から転記

貸借対照表を記入する

〈損益計算書〉を作成したら、〈青色申告決算書〉の4枚目にある〈貸借対照表〉を記入します。貸借対照表の目的は、年末時点での資産（財産）と負債（借金）を明らかにすること。65万円の青色申告特別控除を受ける人は、必ず記入し、提出しなければなりません。

左右の金額は必ず一致する

　複式簿記では、〈貸借対照表〉の左側を借方、右側を貸方といいます。

　借方には〈資産の部〉、貸方には〈負債・資本の部〉の勘定科目が並び、それぞれ期首（年の途中で開業した場合は開業日）と期末（12月31日）の残高が記入されます。

　総勘定元帳に記録されている勘定科目を、複式簿記のルールにしたがって〈貸借対照表〉に転記したら、「期首の資産の総額」から「期首の負債の総額」を差し引いた金額を、元入金として、貸方（期首と期末の両方）に記入します。

　さらに、1枚目の〈損益計算書〉にある〈青色申告特別控除前の所得金額〉を貸方の期末の欄に記入することで、左右の合計金額が一致し、〈貸借対照表〉が完成します。

元入金 ＝ 期首の資産の総額 － 期首の負債の総額

貸借対照表の記入はちょっと複雑ですが、会計ソフトを利用すればカンタンに作成できます。

ここが肝心！

〈貸借対照表〉を作成して、事業の資産（財産）と負債（借金）を確認する

期首の〈棚卸資産〉には、1枚目の〈損益計算書〉にある〈期首商品（製品）棚卸高〉の金額を記入する

期末の〈棚卸資産〉には、1枚目の〈損益計算書〉にある〈期末商品（製品）棚卸高〉の金額を記入する

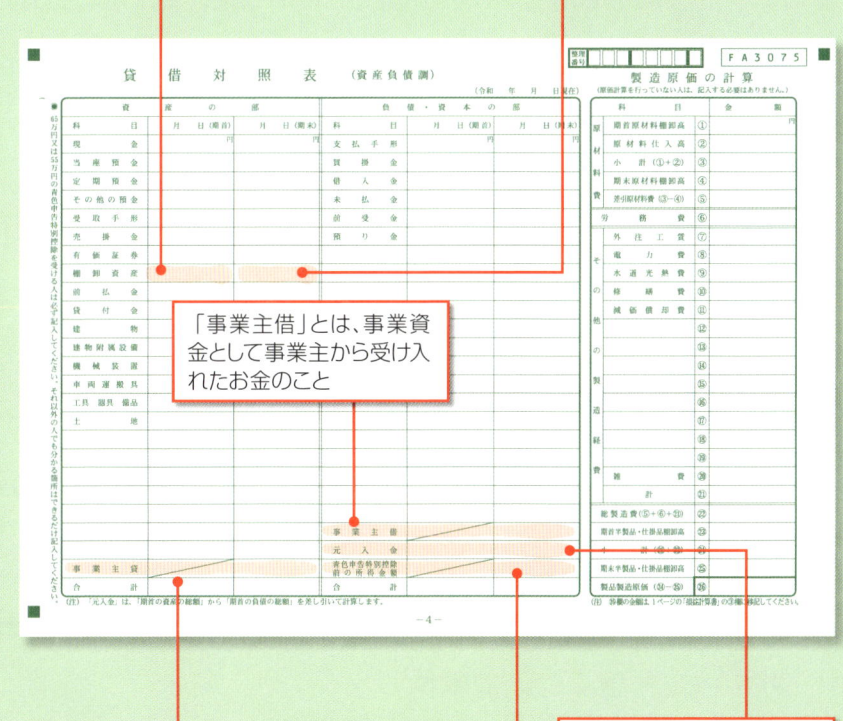

「事業主借」とは、事業資金として事業主から受け入れたお金のこと

「事業主貸」とは、事業主が生活費などとして使った事業からのお金のこと

「元入金」は、「期首の資産の総額」から、「期首の負債の総額」を差し引いた金額。期首と期末に同じ金額を記入する

1枚目の〈損益計算書〉にある〈青色申告特別控除前の所得金額〉をそのまま記入

元入金は、事業主が個人事業を始めるために出資したお金です。

確定申告書で税額を計算する

〈青色申告決算書〉が完成したら、いよいよ〈確定申告書〉への記入を始めます。確定申告の申請書には、〈申告書B〉と〈申告書A〉がありますが、個人事業者は白色申告の場合でも青色申告の場合でも〈申告書B〉を使用します。

作成の目的は、納める税金の計算

〈確定申告書〉を作成する目的は、**納める税金の額を決める**ことです。税額は、〈青色申告計算書〉の〈損益計算書〉で明らかになった所得金額から、所得控除（150ページ）などを差し引いて求めます。

申告書の記入は、〈確定申告書〉に同封されている〈所得税及び復興特別所得税の確定申告の手引き〉の説明を見ながら行います。

〈確定申告書〉のおおまかな記入の流れは以下のとおりです。記入についてわからないことがあったら、最寄りの税務署にたずねましょう。

■■ 確定申告書作成のおおまかな流れ

① 住所、氏名などを記入する

② 〈収入金額等〉〈所得金額〉を計算する

③ 〈所得から差し引かれる金額〉（所得控除）を計算する

④ 〈税金の計算〉をする

⑤ 〈その他〉を記入する

⑥ 〈還付される税金の受取場所〉を記入する　　確定申告書第一表が完成！

⑦ 〈住民税・事業税に関する事項〉を記入する　　確定申告書第二表が完成！

ここが肝心！

確定申告書を作成して、納める税金の額を決める

3月15日までに申告した税金を納める

確定申告によって税額が決定したら、3月15日までに所轄税務署（または金融機関）に納めます。

「振替納税」（預貯金口座からの自動引き落とし）を希望する場合は、〈納付書送付依頼書〉に必要事項を記入し、確定申告書といっしょに税務署に提出します。また、e-Taxによる口座振替、クレジットカード、インターネットバンキング口座、スマホ決済アプリなどでも支払いが可能です。

税務署

ご苦労様
です

納付も
します

税金の納付期限は、受付期間と同じです。申告書を税務署に提出したら、その場で納付を済ませておきましょう。

なるほど
なっとく！

国税庁のホームページで確定申告を行う

確定申告は、国税庁のホームページ（135ページ）にある「確定申告書等作成コーナー」を利用して行うこともできます。画面の案内にしたがって金額などを入力すれば、税額などが自動計算され、確定申告書や青色申告決算書などが完成。作成したデータは、「e-Tax（電子申告）」を利用して送信し、提出することもできます。

〈確定申告書　第一表〉

納税地の所轄税務署名を記入。日付は、申告書の提出日

屋号がある場合に記入

空白に「確定」と記入

12桁の個人番号を記入。本人確認書類（個人番号カードなど）の写しは、「添付書類台紙」に貼付する

青色申告の場合、「青色」を丸で囲む

世帯主の氏名、世帯主から見た記入者の続柄を記入する

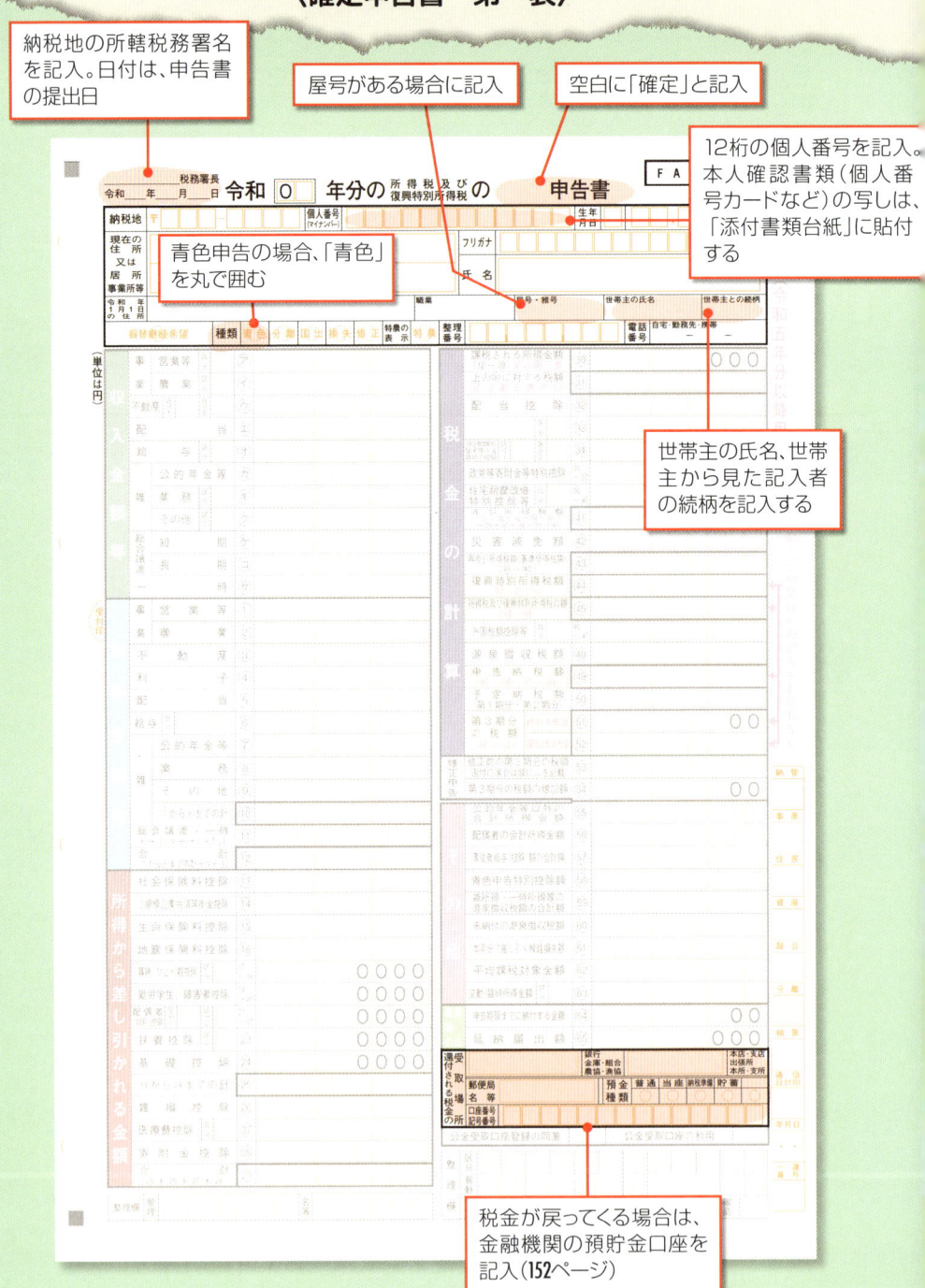

税金が戻ってくる場合は、金融機関の預貯金口座を記入（152ページ）

〈営業等〉の欄に、〈青色申告計算書〉の〈損益計算書〉に記入した〈売上（収入）金額〉を転記する

税額を計算し記入する

第二表の〈所得の内訳〉の源泉徴収額の合計額を記入する。
100円未満の端数を切り捨てた金額を記入。事業が赤字の場合は、金額の頭に「△」をつける

〈営業等〉の欄に、〈青色申告計算書〉の〈損益計算書〉に記入した〈所得金額〉を転記。所得金額の〈合計〉を記入する

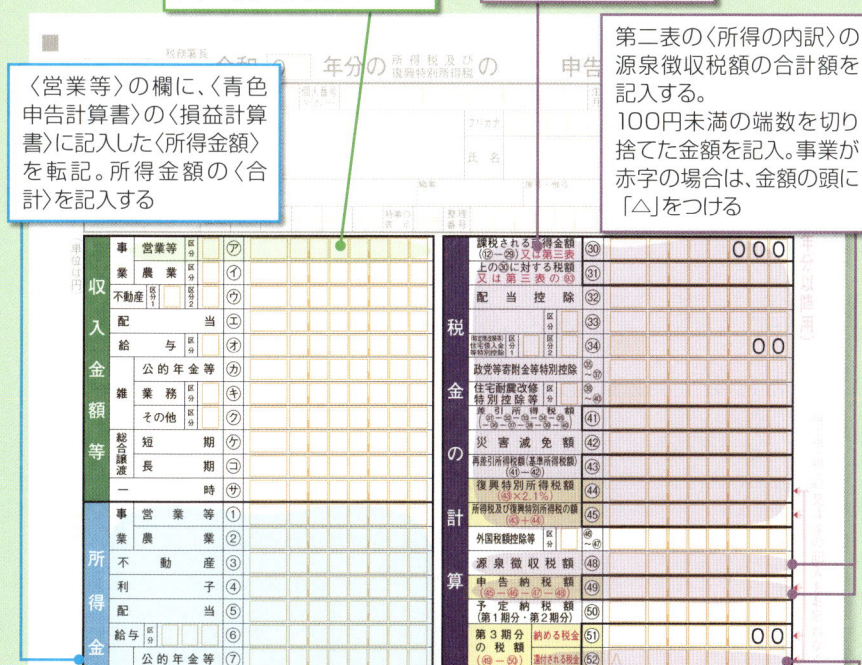

100円未満の端数を切り捨てる。赤字の場合は、〈還付される税金〉に記入する

〈確定申告書　第二表〉から転記。それぞれの控除額の計算は、〈確定申告書〉に同封されている〈所得税及び復興特別所得税の確定申告の手引き〉にしたがって計算する

〈基礎控除〉を忘れずに記入する（150ページ）

〈青色申告特別控除額〉の欄に、55万円（電子申告65万円）または10万円の控除額を記入（074ページ）

〈確定申告書　第二表〉

支払先から送られてきた「支払調書」を見ながら、収入金額や源泉徴収税額などを記入（152ページ）

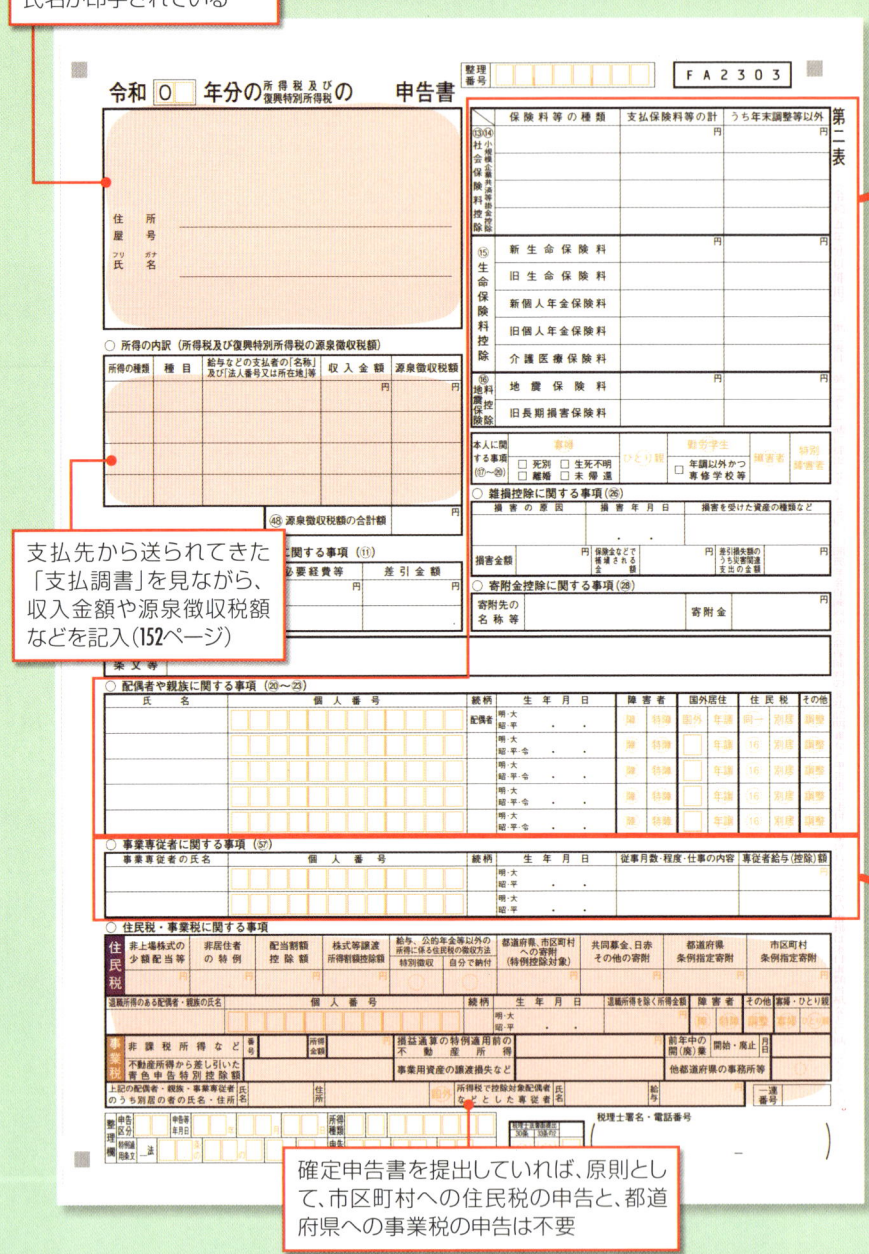

税務署から申告書が送付された場合は、住所・屋号・氏名が印字されている

確定申告書を提出していれば、原則として、市区町村への住民税の申告と、都道府県への事業税の申告は不要

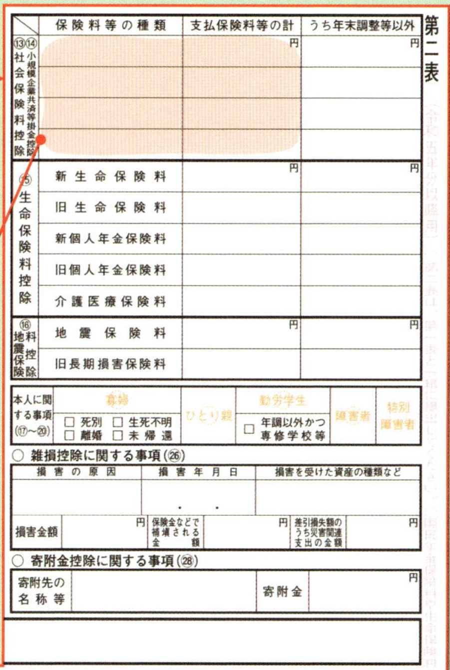

第二表

	保険料等の種類	支払保険料等の計	うち年末調整等以外
⑬⑭ 社会保険料控除 / 小規模企業共済等掛金控除		円	円
⑮ 生命保険料控除	新生命保険料	円	円
	旧生命保険料		
	新個人年金保険料		
	旧個人年金保険料		
	介護医療保険料		
⑯ 地震保険料控除	地震保険料	円	円
	旧長期損害保険料		

本人に関する事項（⑰～⑳）	寡婦 / □ 死別 □ 生死不明 □ 離婚 □ 未帰還	ひとり親	勤労学生 / □ 年調以外かつ専修学校等	障害者	特別障害者

○ 雑損控除に関する事項（㉖）

損害の原因	損害年月日	損害を受けた資産の種類など
	・ ・	

損害金額	円	保険金などで補塡される金額	円	差引損失額のうち災害関連支出の金額	円

○ 寄附金控除に関する事項（㉘）

寄附先の名称等		寄附金	円

国民健康保険や国民年金などの支払保険料を記入。国民年金については「添付書類台紙」に控除証明書を貼って提出する（150ページ）

配偶者、扶養親族の氏名、生年月日、個人番号などを記入。控除額は、〈確定申告書〉に同封されている〈所得税及び復興特別所得税の確定申告の手引き〉にしたがって決定。青色事業専従者は、配偶者控除や配偶者特別控除、扶養控除の対象にならない

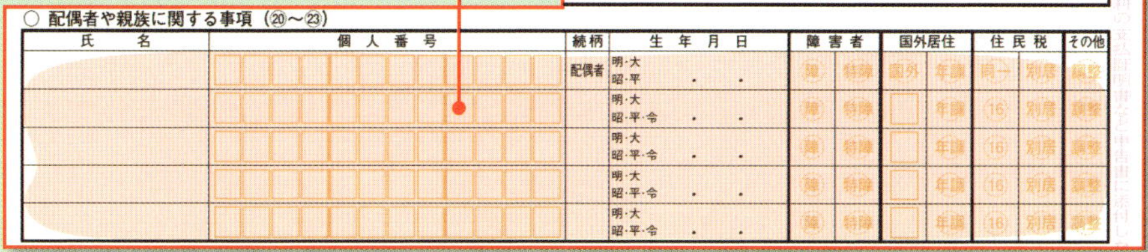

○ 配偶者や親族に関する事項（⑳～㉓）

氏名	個人番号	続柄	生年月日	障害者	国外居住	住民税	その他
		配偶者	明・大 昭・平 ・ ・	障 特障	国外 年調	同一 別居	調整
			明・大 昭・平・令 ・ ・	障 特障	年調	16 別居	調整
			明・大 昭・平・令 ・ ・	障 特障	年調	16 別居	調整
			明・大 昭・平・令 ・ ・	障 特障	年調	16 別居	調整
			明・大 昭・平・令 ・ ・	障 特障	年調	16 別居	調整

○ 事業専従者に関する事項（(57)）

事業専従者の氏名	個人番号	続柄	生年月日	従事月数・程度・仕事の内容	専従者給与（控除）額
			明・大 昭・平 ・ ・		円
			明・大 昭・平 ・ ・		

事業専従者の氏名、個人番号、続柄、生年月日、従事月数などを記入

税額計算のおおまかな流れ

確定申告によって納める税金は、所得税と復興特別所得税です。くわしい計算方法は、確定申告書に同封された〈所得税及び復興特別所得税の確定申告の手引き〉に書かれていますが、税額計算のおおまかな流れを知って"確定申告のしくみ"を理解しましょう。

所得金額を求める

〈収入金額〉から〈収入から差し引かれる金額〉を引いて、〈所得金額〉を求めます。

カンタンにいえば、〈収入金額〉とは、モノやサービスを提供して得られる売上のこと。〈収入から差し引かれる金額〉とは、必要経費などのことをいいます。

収入金額 — 収入から差し引かれる金額 = 所得金額

1年間の収入から必要経費を差し引いたものが所得金額です。〈青色申告計算書〉の〈損益計算書〉によって明らかになります。

課税される所得金額を求める

〈所得金額〉を求めたら、次にそこから〈所得から差し引かれる金額〉を差し引いて、〈課税される所得金額〉を計算します。

〈所得から差し引かれる金額〉とは、「医療費控除」や「社会保険料控除」といった所得控除のことです。おもな所得控除については、150ページで説明します。

所得金額 — 所得から差し引かれる金額 = 課税される所得金額

ここが肝心！

所得が多い人ほど、たくさん税金がかかる

所得控除などを差し引いて税額を計算するのは、〈確定申告書〉上での作業です。

所得税額を求める

〈課税される所得金額〉に〈所得税の税率〉をかけて、〈所得税額〉を計算します。

〈所得税の税率〉は、〈課税される所得金額〉によって5%から45%の7段階に区分されています。

課税される所得金額 ✕ 所得税の税率 ＝ 所得税額

基準所得税額を求める

〈所得税額〉から〈所得税額から差し引かれる金額〉を差し引いて、〈基準所得税額〉を求めます。

〈所得税額から差し引かれる金額〉には、配当所得がある場合の「配当控除」、家屋を耐震改修した場合の「住宅耐震改修特別控除」などがあります。

所得税額 ━ 所得税額から差し引かれる金額 ＝ 基準所得税額

復興特別所得税額を求める

〈基準所得税額〉に2.1%をかけて〈復興特別所得税額〉を計算します。

復興特別所得税とは、東日本大震災からの復興のために使われる税金です。2037年までの各年分について、所得税とあわせて申告、納付します。

基準所得税額 2.1% ＝ 復興特別所得税額

申告納税額を求める

〈基準所得税額〉と〈復興特別所得税額〉の合計額から、〈所得税及び復興特別所得税の額から差し引かれる金額〉（給与からあらかじめ差し引かれた源泉徴収税額など）を差し引いて、〈申告納税額〉を求めます。

基準所得税額 ＋ 復興特別所得税額 ━ 所得税及び復興特別所得税の額から差し引かれる金額

 ＝ 申告納税額

所得控除ってなんだ？

「所得控除」とは、税負担を公平にするために所得から差し引かれる金額のことです。医療費控除や社会保険料控除など、さまざまな種類があり、確定申告書の第一表と第二表には、〈所得から差し引かれる金額〉を記入する欄があります。

税負担を公平にするための所得控除

　所得から差し引かれる金額を所得控除といいます。これは納税者の個々の事情を考慮して、課税される所得金額を調整し、税負担を公平にするための制度です。

　確定申告で認められているおもな所得控除は、右ページのとおりです。このうち多くの個人事業者に関係してくるのは、社会保険料控除や生命保険料控除、配偶者控除などです。

> 基礎控除はすべての人が受けられる控除なので、必ず記入しましょう。

なるほどなっとく！

控除関係書類の提出も忘れずに

確定申告では、申告書の他に、社会保険料（国民年金保険料）の控除証明書、生命保険料の控除証明書などの提出が義務づけられています。書類を添付する場合は、確定申告書に同封されている「添付書類台紙」に貼って、確定申告書といっしょに提出しましょう。

おもな所得控除

- **雑損控除**

  災害や盗難などにより住宅や家財に損害を受けたときの控除

- **医療費控除**

  一定額以上の医療費の支払いがあったときに認められる控除

- **社会保険料控除**

  国民健康保険料や国民年金保険料などの支払いがあるときの控除

- **小規模企業共済等掛金控除**

  小規模企業共済などに加入し、掛金の支払いがあるときの控除

- **生命保険料控除**

  生命保険料、介護医療保険料、個人年金保険料の支払いがあるときの控除

- **地震保険料控除**

  地震保険料などの支払いがあるときの控除

- **寄付金控除**

  国への寄付金、ふるさと納税、特定の政治献金などがあるときの控除

- **ひとり親控除**

  納税者がひとり親であるときに認められる控除

- **寡婦控除**

  死別や離婚の後、結婚をしないまま、子どもを養育している人などに認められる控除

- **勤労学生控除**

  学校に通いながら働いている人に認められる控除

- **障害者控除**

  本人や配偶者、扶養家族が障害者であるときに認められる控除

- **配偶者控除、配偶者特別控除**

  配偶者がいるときに認められる控除

- **扶養控除**

  扶養する親族がいるときに認められる控除

- **基礎控除**

  最大48万円（合計所得により変わる）の控除

※青色事業専従者は、配偶者控除、配偶者特別控除、扶養控除の対象にはなりません。

配偶者控除や配偶者特別控除は、本人や配偶者の所得金額によって控除額が変わってきます。

フリーランスの報酬と源泉徴収

個人事業者が原稿料などの支払いを得ていると、通常、年明けすぐに支払者から「支払調書」というものが送られてきます。そこに記載されているのは、源泉徴収によって差し引かれている税金です。源泉徴収税額を申告することで、納めすぎた税金が戻ってくるケースがあります。

個人に支払われる原稿料なども源泉徴収されている

　給与や報酬などの支払者が、支払いの際に、その金額から事前に所得税などを差し引いて支払いを行う制度を源泉徴収といいます。

　源泉徴収は、給与以外の所得も該当するため、フリーランスの個人事業者に支払われる原稿料などの報酬、弁護士や税理士のような特定の資格を持つ人へ支払う報酬、モデルや外交員などに支払う報酬なども対象になります。

　支払金額が100万円以下の場合、源泉徴収額は以下の計算式で求められます。

支払金額 10.21% 源泉徴収税額

 100,000円 ×10.21%＝10,210円

※100万円を超えた場合、100万円までは10.21%、100万円超の分は20.42%で計算されます。

源泉徴収の税率には、所得税の税額（10%）に復興特別所得税の税額（0.21%）が加算されています。

申告によって納めすぎている税金が戻ってくる

　原稿料などの報酬を受け取っている人の年間の所得が一定額以下の場合、**納めすぎになっている源泉徴収税額は、確定申告によって戻ってきます。**

　還付を受ける場合は、源泉徴収により差し引かれている金額を〈所得の内訳〉（確定申告書第二表にあります）にすべて記入し、還付金が振り込まれる金融機関の預貯金口座を確定申告書第一表に書き入れます。

> お金が戻ってくることがあるんですね！

> 払いすぎた税金が戻ってくることを「還付」といいます。

なるほどなっとく！

源泉徴収票の作成者にマイナンバーを伝える

マイナンバー（個人番号）とは、税務や社会保障などに活用される、国民一人ひとりに割り振られる12桁の番号。給与や報酬などの支払いを受けるときは、支払調書などを作成する企業側の担当者に、マイナンバーを教えなければなりません。また、個人事業者は税務署などへ提出する書類にもマイナンバーの記載を求められる場合があります。

消費税の確定申告と納税

消費税は課税売上高と課税仕入高をもとにして計算されます。課税売上高が1,000万円を超えたら、翌々年から消費税を税務署に納めなければなりません。インボイス制度（088ページ）の適格請求書発行事業者になる場合も、課税事業者になって消費税を納めます。

開業から2年間は、消費税の支払い義務がない

個人事業者は、原則として開業から2年間、消費税の納税が免除されますが、課税売上高が1,000万円を超えた場合は、翌々年から消費税を税務署に納めることになります。また、インボイス制度の適格請求書発行事業者になった場合も、消費税を納めなければなりません。

消費税の確定申告と納税は、翌年の3月31日の期限までに済ませましょう。

売上高から納税額を計算する、簡易課税制度

消費税の納付金額は、原則として、〈課税売上にかかる消費税額〉から、〈課税仕入にかかる消費税額〉を差し引いて計算します。

課税売上にかかる消費税額 － 課税仕入にかかる消費税額 ＝ 当期の納付金額

例 1,200,000円 － 900,000円 ＝ 300,000円

ここが肝心！

個人事業者は、原則として開業から2年間、消費税が免除される

ただし、課税売上高が5,000万円以下の場合は、**簡易課税制度**を選択することによって、実際の〈課税仕入にかかる消費税額〉を計算せずに、納付税額を決めることができます。

簡易課税制度では、〈課税売上にかかる消費税額〉に一定の「みなし仕入率」をかけた金額を、〈課税仕入などにかかる消費税額〉とみなして、納付税額を計算します（みなし仕入率は、業種によって異なります）。

簡易課税制度を適用して申告する場合は、前年の12月31日までに「消費税簡易課税制度選択届出書」を所轄税務署に提出しましょう。

なお、消費税には8％のものと10％のものがあるので、帳簿づけの時点できちんと記録し、レシートや領収書もしっかりと保管しましょう。

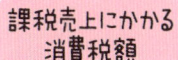 − (× みなし仕入率) = 当期の納付金額

例 1,200,000円 −（1,200,000円×80%）＝240,000円

納付税額は、売上高や仕入高、業種によって変わってきます。簡易課税制度の適用は慎重に検討しましょう。

 なるほどなっとく！

償却資産の申告も忘れずに！

1月1日現在の償却資産（固定資産のうち、機械、器具、備品など、土地や建物以外の資産のこと）については、毎年その内容を1月31日までに申告する必要があります。減価償却費（076ページ）を必要経費にしている償却資産が150万円以上の場合、市区町村から送られてくる納税通知書にしたがって「固定資産税（償却資産）」を納めましょう。

※「課税売上」とは、商品の販売やサービスの提供などによる売上のこと。「課税仕入」とは、事業のためにものを購入したり、サービスの提供を受けたときの支払いをいいます。

I N D E X 【50音索引】

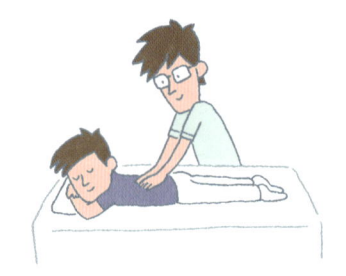

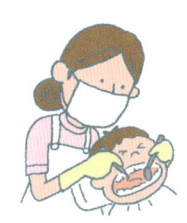

監修者：宇田川 敏正（うたがわ・としまさ）

宇田川税理士事務所所長（東京都港区新橋）。

港パートナーズLLP代表パートナー。

税理士、AFP（アフィリエイテッド・ファイナンシャル・プランナー）、登録政治資金監査人。

大学卒業後、大手ゼネコン（総合建設業）に入社し、建築・土木の各工場現場の工事事務全般（経理・労務等）を担当。

平成13年、税理士として独立開業。クライアントは、個人事業者から上場企業まで多岐に渡り、誰にでもわかりやすく、納得のいく税務・会計指導を行っている。具体的には、クライアントに対して、適正な月次決算体制の構築を行い、①経営計画の策定支援（PLAN）、②計画に沿った経営活動（DO）、③月次巡回監査による検証（CHECK）、④決算対策などの対策（ACTION）のPDCAサイクルの定着を支援していくことで、企業の永続的発展を目指して活動を行っている。

平成24年11月、中小企業経営力強化支援法に基づく経営革新等支援機関に認定。監修書に『図解わかる 個人事業の始め方』『経理の教科書1年生』『簿記の教科書1年生』（弊社）などがある。

本書の内容に関するお問い合わせは、**書名、発行年月日、該当ページを明記**の上、書面、FAX、お問い合わせフォームにて、当社編集部宛にお送りください。**電話によるお問い合わせはお受けしておりません。**また、本書の範囲を超えるご質問等にもお答えできませんので、あらかじめご了承ください。

　FAX：03-3831-0902

　お問い合わせフォーム：https://www.shin-sei.co.jp/np/contact.html

落丁・乱丁のあった場合は、送料当社負担でお取替えいたします。当社営業部宛にお送りください。
本書の複写、複製を希望される場合は、そのつど事前に、出版者著作権管理機構（電話：03-5244-5088、FAX：03-5244-5089、e-mail：info@jcopy.or.jp）の許諾を得てください。
〔JCOPY〕〈出版者著作権管理機構 委託出版物〉

改訂5版　個人事業の教科書1年生

2024年10月25日　初版発行
2025年 4月 5日　第2刷発行

監 修 者　　宇 田 川　　敏 正
発 行 者　　富 永　靖 弘
印 刷 所　　株 式 会 社 高 山

発行所　東京都台東区　株式　新星出版社
　　　　台東2丁目24　会社
　　　　〒110-0016　☎03(3831)0743

ISBN978-4-405-10450-1